中公新書 2729

磯田道史著

日本史を暴く

戦国の怪物から幕末の闇まで

中央公論新社刊

歴史には裏がある——まえがき

歴史には裏がある。歴史は裏でできている。この本に書いてあるのは、歴史の裏ばかりだ。小学生になると、日本史の授業で「織田信長」という名前を習う。しばしば、教科書には、安土《あづち》城跡の写真がある。これは表の歴史だ。一方で、こんなことは書いていない。信長は地球儀を持っており、家来たちに、天地（宇宙）の形についての学習会を開いていたことや、さらには安土城下とおぼしき光秀の屋敷に信長がやってきて、広間が大きすぎると不機嫌になり、御膳を食べずに帰ってしまい、両者の間に、すきま風がふきはじめた、などの史実である。こういう肝《きも》になる史実は、教科書には、ない。例えば、日本人が地球は丸いと、いつ、どのように知ったのか。そんな話は無視されている。

明智光秀が本能寺の変で、信長を襲って死なせたのは、よく知られているが、そもそも、信長は、なぜ光秀の謀反に気づかなかったのだろうか。逆にいえば、なぜ光秀は信長を欺《あざむ》けたのだろうか。歴史において「なぜ」の発想は大事である。実際に、光秀に会ったヨーロッパ人の宣教師の書いたものがヒントになる。光秀と家族は、姿が上品であって、外交に向き、信用を得やすかった。そのうえ、光秀は自分は「人を欺くために七十二の方法を深く会得し」ていると、吹聴していた。その光秀が、さまざまな理由から、とある恐怖に駆られて、信長を襲うまでの有様を、読者が短い時間で読めるように、手短にかいておいた。

本能寺の変で、信長の遺体は焼けてしまって、遺骨は誰のものやらわからない有様だったと考えられるが、信長の遺体収容の記録も、あるにはある。京都・阿弥陀《あみだ》寺の住職・清玉《せいぎょく》上人が本能寺に真っ先に駆けつけた時の伝承を記した史料である。江戸時代の史料だが、私はその原本調査もした。信長の遺体の行方についての伝説も、本書では検討している。

とかく、歴史には闇が多い。例えば、豊臣秀頼《ひでより》は豊臣秀吉の実の子であるのか。歴史研究者の間でも、議論がある。秀吉が朝鮮を攻めに大坂城をあけた留守中に、側室の淀《よど》殿《どの》が不倫をし、秀頼を宿したとの説もある。秀頼の生母・淀殿周辺の人々が秀吉の留守中に「みだりに男女」の関係をもったとされ、口封じの粛清か、三十人をこえる人間が

「生きたまま火あぶり」にされたり「斬られた」りしたのは、事実である。この時、秀頼の実父の可能性のある男も処刑された、とされるが、名前はわかっていない。そこで、この時、処刑された男性の名を調べはじめ、一人だけ実名を割り出せた顚末も、書いておいた。

また、本書には、日本のカブトムシ史・クワガタムシ史も添えた。歴史のなかには、光をあてると、見えだすものがある。サーチ・ライトになるのは、文書・遺物などの史料である。現代の我々は、小学校の夏休みに、子どもがカブトムシやクワガタムシを飼う風景を、あたりまえのように見ている。ただ、カブトムシを愛する日本人の姿は、大昔からのものではなかった。江戸の町では、ホタルや鈴虫は売られていても、カブトムシは売られていない。カブトムシは有毒の虫と考えられ、江戸前期の学者は「悪むべし」と嫌っていたほどである。そもそも、カブトムシとクワガタムシが近い仲間と考えられ始めたのは、いつからか。子どもがカブトムシで遊ぶのが記録に残るのはいつからか。コクワガタとノコギリクワガタとミヤマクワガタが形の違う虫として、図鑑に載せられてくるのは、いつからか。そんな話を考えてもみた。

およそ、動物などへの意識は、時代によって変化が激しい。現代では、犬や猫に専用の食事が与えられている。江戸時代の記録を読むと、高級旗本の家では「都《すべ》て行儀、人間に等し」と、猫に人間同様に給仕をしてご飯を食べさせ、我が子のようにかわいがる奥様が既にいた。ただ、表向きの教科書的な歴史では、その「猫っ可愛がり」ぶりは無視されてきたわけで、本書のようなマニアックな新書を読まれる皆様のような方でなければ、そのような史実を目にする機会はない。

おおよそ、表の歴史は、きれいごとの上手くいった話ばかりで出来ている。私は、忍者の史料調査もしているから、闇に生きた忍者のことも随分と入れた。読者諸氏は、忍者の研究など一生なさらないだろうから、忍者を研究する時の注意点などは不要の知識かもしれない。しかし、一応、いっておくと、忍者の研究をする時は、忍者の凄技の成功例ばかり見てはいけない。実は、忍者には失敗が多く、しばしば悲惨な死に方をする。これに目を閉ざしてはいけない。関ヶ原合戦時に潜入した「忍之者」がばれて斬られるさまを第1章に、尾張徳川家の甲賀《こうか》忍者が経済的に「難儀」していたさまを第2章に、書いた。私は滋賀県甲賀市で、忍者の古文書を探す「ニンジャファインダーズ」の団長をしている。最近、幻の忍術書が発見され、そのなかにも潜入がばれて、追い詰められた時の忍者の対処が記されていた。

新発見といえば、講演先の広島市の骨董《こっとう》店で、赤穂《あこう》事件の浅野内匠頭長矩《たくみのかみながのり》の年賀状を見つけ、買って帰ったことがある。赤穂浪士が、討ち捕った「吉良《きら》の首」で奇妙な儀式をやっていた話とともに、それも書いておいた。幕末史も闇が深い。会津藩主の松平容《かた》保《もり》といえば、新撰組の上司、坂本龍馬を斬った見《み》廻組《まわりぐみ》も配下にしていたが、謎も多い。容保は美濃高須《たかす》藩三万石の小藩主の子に生まれている。兄弟は「高須四兄弟」と呼ばれ、みな幕末史を動かした徳川方のキーマンになった。なぜ高須藩からは、こんなに「殿様人材」が出たのか。父と側室たちが松茸《まつたけ》狩りをする様子を記した菩提《ぼだい》寺の文書を発見し、その内容を初公開した文章も、本書におさめた。

　このように、歴史には裏があるが、新しい史料で、その裏が少しばかり暴けるものもある。幕末の孝明《こうめい》天皇は、毒殺されたのか。ここでは毒殺説を考える試みもしている。例えば、私は忍《おし》藩（埼玉県）が持っていた天皇の病床記録の現物を入手した。天皇が、お召し上がりになったものと、排泄《はいせつ》されたものが「御大便御一行」などと全部書いてある。天皇のお便所のつくりも細かく示した。

　最近、歴史について、インターネット上に、雑多な情報が「コピペ」すなわちコピー&ペースト（複写貼付）されて流れている。どこかで聞いたような話が多い。本書は、毎日、私が古文書のホコリと戦いながら、まことにアナログな手法で、自分で一つずつ集め、日本史のある面を暴いていったものである。ミミズがのたくったような古文書を解読しながら、自分で探した歴史だから、現場の一次情報である。こういうリアルな話が好きな方々に読んで頂きたい。自分で史料を探し、読み解いて書くには、多大な労力がかかる。読者諸氏に、新知見を得ていただければ、これ以上にうれしいことはない。

目次

第1章　戦国の怪物たち

大仏を焼いたのは松永久秀か

奈良の大仏に関する史料を京都市内の古書店で見つけた。戦国の古文書はあまり残っておらず貴重である。しかも永禄《えいろく》十（一五六七）年の大仏炎上の記録で驚いた。

最初はただの中世文書だと思った。両面あり一方は東大寺《とうだいじ》の年預五師《ねんよごし》（＝執事僧）浄《じょう》実《じつ》が興福寺六方衆《こうふくじろっぽうしゅう》（＝僧衆）にあてた書状（二月二十五日付）の原本らしい。永禄十一年二月、本願寺の門徒が今の奈良県南部に進出しようと「烏芋峯」に道場新設を願った。書状の内容はそれへの対応をめぐる東大寺→興福寺の通信である。門徒側は「過分の礼物」で道場新設を請うたが、興福寺は寺門を閉じ拒絶。東大寺等にも同様の「閉門」対応を求めた（『多聞院《たもんいん》日記』十一日条）。この時の東大寺側の回答が書かれていた。戦国期の本願寺の信者拡大や奈良仏教との衝突の内幕を知りえる史料だ。

ところが、それだけではなかった。この古文書にはB面があった。つまり、裏にも文字があったのだ。裏返した瞬間、私は驚愕《きょうがく》した。そこには松永久秀《まつながひさひで》と三好《みよし》三人衆が東大寺で戦い、大仏が炎上した顚末が記されていた。大変なものを見つけてしまった。すぐに私は勤務先の国際日本文化研究センター（日文研、京都市）の同僚・呉座勇一《ござゆういち》先生に意見を求めた。呉座先生は史料の検索力が抜群で、あっという間にこの史料の出所を特定された。やはり東大寺僧・浄実関連の記録であった。東大寺の永禄十年五月から一年分の記録をとじた冊子の残欠らしい。

江戸時代、この冊子の原本か写本は東大寺戒壇院脇の住人「上田中務《うえだなかつかさ》」が所持していたようだ。今回見つかったのは、この上田本の断簡の可能性がある。あまりに貴重な記録だから、東大寺も入手したがり、延享《えんきょう》二（一七四五）年に東大寺薬師院の僧が借りて筆写。それが東大寺図書館に「東大寺記録写」として残り、私が見つけた史料の記述自体は大半が既知のものだったが写本の誤字が正せた。呉座先生はご親切に「東大寺記録写」と新史料が一致する箇所を教えてくださった。私はこの記録写を夢中で解読しはじめた。大仏炎上の現場にいた僧が雄弁に語っていたからだ。

現在、大仏を焼いた「犯人」説は三つある。〈１〉多聞山《たもんやま》城主・松永久秀軍の放火

(『沢蔵《たくぞう》及《および》松永乱記』『総見記《そうけんき》』)〈2〉松永軍の敵・三好三人衆軍の失火(『足利季世記《あしかがきせいき》』『増補筒井家記』)〈3〉松永軍中のキリシタン一個人の放火(フロイス『日本史』)。近年、歴史学界では〈2〉の三好三人衆軍の失火説が力を得ている。しかし夜間戦闘の混乱中の出来事でもあり、今となっては真相究明が困難だ。ただ今回の史料で東大寺が誰を放火犯とみていたのかある程度推測がつく。現代語訳する。

「十月十日子刻《ねのこく》(夜十二時)(松永)弾正《だんじょう》方が三手をなして大仏殿を夜襲。軍兵を数多く討ち捕り、西の回廊に火を懸け(火懸り)、寺じゅうの老若が身命を捨て闘争の場に出て水をくみ上げ、瓦をくずして消火したが、西風がしきりに吹き猛火が本堂(＝大仏殿)に懸かり即時に炎上」

この文だと三人衆敗走後の出火だ。「懸火」は普通に「火を懸け」と他動詞で訓《よ》むべきだろう。事実はどうあれ、東大寺側の認識は「松永軍の放火」を想定していた可能性が高い。寺側も合戦中に決死の消火活動をしたことがわかる。「炎上の翌日、老若は消魂。十方を失」い途方に暮れた。見れば、大仏の「お首は落ち、後ろに在」った。無惨である。

人心も変わった。「大仏も焼けた。狂へ。ただ遊べ。浮世は不定の身をもちて」と刹《せつ》那《な》主義の狂った小唄が織田信長家中で流行（『陳善録《ちんぜんろく》』）。翌年、信長は足利義昭《よしあき》を奉じイチかバチかで京都へ侵攻し、もう何でもありになった。結局、この史料は日文研で購入する運びになって、深く研究されることになった。

久秀が大悪人にされた理由

前項で、松永久秀のことを書いた。久秀が奈良の大仏を焼いた「犯人」と決めつけられ、日本史上の大悪人にされたのには理由がある。

永禄十（一五六七）年春、松永久秀と三好三人衆の争いが奈良を舞台にはじまった。貴重な文化財が集中したエリアでのにらみ合いだ。兵火になれば、何んでも燃えてしまう。一大事だ。松永方は兵数で劣ってみえたが、久秀は能力が高い。ここが久秀の力の秘密なのだが、集金力に優れていた。権威ある寺社にも容赦がなかった。久秀は戦闘開始にあたり驚きの行動に出た。奈良市高畑町《たかばたけちょう》の「天満山に陣取り、兵粮《ひょうろう》米五千石をかける。同意しないなら坊中（寺の境内）に入って取る」と武力で脅した。「権門高家によらず公私の諸蔵を悉《ことごと》く押し開き算合（お勘定）」というのだから、堪《たま》らない。東大寺では「寺家の滅亡。この時なり。悲歎《ひたん》限りなし」となった。だから久秀の軍勢が一時、京都に去っただけで、東大寺では「満寺の衆僧、歓喜」「籠の鳥の雲に出たるが如《ごと》し」と大喜びした。

それもつかの間、久秀はすぐに奈良に戻ってきた。奈良の北方・多聞山城に入り、興福寺の有力僧五人や分限者衆（富裕層）に「上が千石千貫。中が五百石五百貫」などと徴税をはじめた。「有徳の衆（金持ち）へも同じく懸銭《かけせん》（課金）。五十人ばかり」と、徹底して奈良の財力を吸い上げようとした。これに待ったをかけたのが、久秀の敵・三好三人衆である。奈良市街の南方に布陣して、久秀の懸銭を「免除」すると言い出した。「松永より無体を云《い》はば何時も奈良に入るべし」と、寺社と富裕層を保護する姿勢をみせた（『薬師院《やくしいん》旧記』）。

五月、三好三人衆軍は奈良に入り、東大寺大仏殿・二月堂などを占領し、その兵数は当初の一万から一万五千（『多聞院日記』）もしくは二万に達した。対する松永軍は五千（『言継卿記《ときつぐきょうき》』）。この時、「お水取り」で有名な二月堂へも「侍衆四頭」の軍勢がやってきて陣取ったらしい。東大寺側は懸命に退去を求めた。「この堂舎は霊験無双の観音。子細（事情）が他に異なる。宿陣しかるべからず（だめ）」と訴えたが、聞いてもらえない。その時、奇跡がおきた。「不意に（侍の）乗馬二疋《ひき》がにげた」。そのほかにも、バチあたりの兆しがおきたようで、気味悪くなったのであろう。当時の武士はまだ神仏には純真なところもあり、「案内に及ばす退散」した（「東大寺記録写」）。おかげでこの時は、二月堂は戦場とならず戦火を免れた。馬二頭に感謝せねばなるまい。

さて松永久秀の軍勢は三好三人衆軍の三分の一か四分の一であったが、負けてはいない。敵が居城の多聞山城に接近せぬよう東大寺の戒壇院を占領して「鉄砲構」の陣地に改造し、ここから大仏殿の三人衆軍を銃撃しはじめた（『沢蔵及松永乱記』）。三人衆は堪らない。松永軍中の五人を賄賂で裏切らせ、戒壇院の松永陣地に放火させた。ところが松永軍は士気が高い。放火を物ともせず、三人衆軍を撃退した（「東大寺記録写」）。それで松永軍は大仏殿にいる三好三人衆を夜間奇襲。大仏が焼け、松永軍が勝利した。

大仏が焼けた直後、東大寺に久秀の使いがきた。大仏焼損の謝罪でも東大寺再建の申し出でもなかった。全く逆で「寺中の金銀米銭悉く借り申す」といってきた（「薬師院旧記」）。そして土蔵を全部調査し「米銭財宝。残りなく」押収したのである。東大寺は久秀を「積悪の主。前代未聞」と呪った（「東大寺記録写」）。久秀は三、四倍の敵を破る強い軍勢を組織していたが、それは強引な集金の産物で奈良のお寺や金持ちに深く恨まれていた。お寺は記録が得意で世評や歴史観への影響力が大きい。これが久秀が悪人にされた謎の一つの答えである。逆に、下克上を喜ぶ貧者には、城普請や戦働きの仕事をくれる「英雄」であったかもしれない。

信長は「地球は球体」をひろめた

織田信長はヨーロッパ人宣教師から地球儀を貰《もら》い、地球は球体だと理解していた。これは有名だ。だが、重要なのは、信長がこの知識を家臣や子どもに教え、ひろめようとした点だ。

信長はオルガンティーノ司祭とロレンソ修道士を「多くの武将の前に呼び、外にいる者も聞けるように彼らがいた広間の窓を開けさせた」うえで「地球儀をふたたびそこへ持ってこさせ、それについて多くの質問をし反論した」（フロイス『日本史』）。

信長は地球儀を皆にみせ、家中の意識改革を図った。宣教師の宇宙の知識は「仏僧らのそれと大いに異なっている」のをみせつけた。そして、信長は「デウスや霊魂の存在にはつねに大きい疑問を持ちながらも、心から満足し納得していると告白した」（同）。

信長は「来世はなく、見える物以外には何ものも存在しないことを確信して」いた（同）。だから見えない神と霊魂は信じなかったが、天文地理の話は信じた。信長はこの天文地理の学習会で、仏僧の誤りを家臣団にみせ、地獄や極楽にとらわれぬよう誘導したのだろう。

信長はオルガンティーノとロレンソに会うのが好きで、何度も呼んだ。一度呼べば三時間も質問した。給仕と称して、子どもまで同席させた。信長はまがい物を生理的に嫌う。宇宙観や世界知識が正しそうだから、キリスト教宣教師は厚遇した面がある。

信長だけが天才で宇宙論を好み、地球が球体だと理解したのではない。これは戦国時代の日本人に共通した特徴だ。その時分から日本人は好奇心が強く宇宙論が好きだった。イエズス会は最初からこの日本人の性質に気づき、布教の戦略として、意図的に、日本人に宇宙論を提供していたとの指摘もある（平岡隆二《ひらおかりゅうじ》「イエズス会の日本布教戦略と宇宙論」）。「地球が円いこと」をザビエルが教えると日本人は「大変満足して喜び」宣教師を「学識のある者だと思ったようで」話を信じる。「日本人は、天体の運行・日蝕《にっしょく》・月の満ち欠けなどについて知るのを大変喜びます」「〔日本人の〕質問に答えるために、学識のある〔神父〕が必要」とされた（「ザビエル書簡」一五五二年）。

それでイエズス会はのちにゴメスというすごい科学者を送り込み、緻密《ちみつ》な宇宙論の講義を日本国内のコレジオ（学院）で行った。ゴメスは「天球論」という宇宙論教科書まで書き、日本語訳もあったらしい（森ゆかり「イエズス会日本コレジオの宇宙論講義（1）」）。

当時の日本人の宇宙観は二つだ。仏教系はインドの「須弥山《しゅみせん》思想」で高い山が真ん中にある砂時計のような形の世界を想定した。太陽が須弥山の周りをグルグル回る。もう一つの儒教系は中国の「天円地方説」だ。天は円形で地は方形と考える。

月食をみれば、球形の地球の影が月面にうつる。簡単に地球は球形とわかりそうなものだがそうではなかった。江戸時代になっても、儒学者の林羅山《はやしらざん》は天円地方説を信じた。「動くものは円《まる》く静止したものは方形にできている」などと言った。屁理屈《へりくつ》である。もっとも一七世紀にも山鹿素行《やまがそこう》のように天円地方説は違うという鋭い儒学者もいた。

二〇〇年前になると、ちょっとした物知りなら「世界は弾丸のごとく」動いていて球体だと知っているようになった（『譚海《たんかい》』）。大坂の金貸しの番頭さんだった山片蟠桃《やまがたばんとう》も、よその恒星の近くに土や湿気があれば、きっと虫・魚貝・鳥獣、そして人民も生じているだろう、と宇宙人の存在を想ったのである（『夢の代《しろ》』）。

明智光秀の出世術

明智光秀が二〇二〇年の大河ドラマの主人公に決まった。「永青《えいせい》文庫」という旧熊本藩主細川家の美術館がある。今の理事長は元首相の細川護熙《もりひろ》さんで、私はその評議員をやっている。

細川家は明智と、ゆかりが深い。「絶世の美女」で知られる細川ガラシャは光秀の娘で細川家に嫁いできた。それだけではない。そもそも、光秀が世に出るきっかけも、細川家が関わっていた。評議会の席上、護熙さんが「光秀は細川藤孝《ふじたか》の中間《ちゅうげん》であったとの史料もあるそうです」と紹介された。

光秀の前半生は謎が多い。京の人、立入《たてり》左《さ》京亮《きょうのすけ》入道《にゅうどう》隆佐《りゅうさ》は「光秀は美濃国（岐阜県）住人、とき（土岐）の随分衆」と記している。当時ヨーロッパの宣教師が作った日葡辞書には「随分の人」の項目があり「際立った人」と訳されている。光秀は「美濃の名族土岐氏の上級家臣」の出身とみられていた。ルイス・フロイス『日本史』は、光秀の子女は「非常に美しく優雅でヨーロッパの王族を思わせるようだった」と記すから、光秀一家は、高貴な雰囲気をもっていたのであろう。

美濃方面の出自は事実かもしれないが、光秀の前半生は、王族には程遠く「朝夕の飲食さへ乏《とぼし》かりし身」（『当代記』）であった。

踊り念仏をする僧侶の記録『遊行三十一祖京畿御修行記《ゆぎょうさんじゅういちそけいきごしゅぎょうき》』の天正《てんしょう》八（一五八〇）年一月二十四日条には「明智十兵衛尉《じゅうべえのじょう》といひて、濃州土岐一家牢人《ろうにん》たりしか、越前朝《あさ》倉義景《くらよしかげ》頼み申され、長崎称念寺《しょうねんじ》門前に十ヶ年居住」と出てくる。土岐氏の親類が牢人になって、越前（福井県）の朝倉義景を頼り、寺の門前に一〇年住まわせてもらっていた。

しかし朝倉の元を去り、細川家に仕えたらしい。興福寺の多聞院の日記に「細川ノ兵部大夫カ中間ニテアリシ」（天正十年六月十七日条）と出てくる。これが護煕さんのいう史料で、中間とは荷物運びなどをする下働きのことである。戦国末期に少年で、一〇〇歳まで生きた者の回想『老人雑話《ろうじんざつわ》』に「明智初め細川幽斎《ゆうさい》（藤孝）の臣也」とある。細川家の家臣になったが家老の米田助左衛門《すけざえもん》などが「悪《あ》しくあたり」いじめたので、明智はこらえきれず信長に仕えるのを望むようになったなどとある。

その経緯は平戸《ひらど》藩松浦《まつら》氏が編んだ『武功雑記《ぶこうざっき》』が記している。内容を鵜呑《うの》みにできる史料ではないが、この書物にも「明智はもと細川幽斎の家来也」とある。同家家老の松井佐渡《さど》が気に入らず、明智は「何とぞ信長へ御奉公に出たく」と願っていた。そんな時、幽斎から「信長に使者に行け」といわれ、好機と見て信長に直訴して家来にしてもらったというのである。もう細川家には帰らず、使者の返事は「飛脚にて遣」したという。

その後、明智は劇的に出世した。家老の松井に「あなたに気に入られなかったから立身できた。仇《あだ》は恩で返したい」といったら、すかさず松井が「では、娘子を（当家の）与一郎（忠興《ただおき》）に」といい、細川家は美女ガラシャを迎え入れたという。

光秀登場の黒幕

明智光秀はその能力の高さで化け物といってよい。このモンスターを登場させ、歴史を変えてしまったのは、他ならぬ細川藤孝であったろう。

藤孝は足利一三代将軍義輝《よしてる》の側近であった。母方祖父は公家で天皇の教師役をつとめたインテリである。その環境から当時最高の知識人であったが、戦国争乱で主君も領地も失った。敵対する三好三人衆の急襲をうけ、主君義輝が殺されたうえ、京屋敷と長岡《ながおか》京《きょう》市付近の三千貫（約一万五千石）の領地を奪われ、流浪の身となった。

しかし、そこはさすがに戦国最高の頭脳である。藤孝は失地回復をはかった。まず義輝の弟・義昭を救出した。そのうえで、織田信長に出兵してもらい京都を奪還し、義昭を一五代将軍にすえて幕府を再興し、自分の領地も回復する作戦を考えた。

だが、この作戦を成功させるには織田信長を説得せねばならない。そこで藤孝が見出《みいだ》したのが「明智光秀」という男であったらしい。この男はかなりの物知りで薬の調合などよく知っていた（「米田《こめだ》家文書《け》」）。便利なので家来にしていた。興福寺の『多聞院日記』に明智は「細川兵部大夫（藤孝）の中間（荷物運び）であった」とあり、『老人雑話』にも「明智初め細川幽斎（藤孝）の臣」とある。この時期の足利幕府役人名簿の足軽衆に「明智」の名がある。これが光秀なら幕府の足軽衆でもあった可能性がある。

藤孝は光秀の人物を見抜き信長に送り込んだ。光秀を歴史に登場させた黒幕は藤孝であったろう。宣教師ルイス・フロイス『日本史』も「明智殿と称する人物がいた。彼はもとより高貴の出ではなく、信長の治世の初期には、公方（足利将軍）様の一貴人兵部太輔《ひょうぶだゆう》（藤孝）と称する人に奉仕していた」と記す。藤孝の家来であったことは確実でヨーロッパにまで報告されていた。

光秀は、京都奪還作戦のため、藤孝が信長に送った連絡役、エージェント的な存在であった。というのも、光秀は外交に向いていた。なにしろ家族まるごと容姿がいい。フロイスは光秀の家族を「ヨーロッパの王侯貴族のようだ」と書く。光秀自身も「（美濃の豪族）土岐の随分衆（かなりの身分）」（『立入宗継記《たてりむねつぐき》』）と、周囲に思わせる風格があった。

そのうえ、人を信用させる術《すべ》を心得ていた。光秀は友人たちに「人を欺くために七十二の方法を深く会得し、かつ学習したと吹聴」していたほどである。知識・交渉力・調査力があり、野心もある。人を信用させるのだから、これほど外交に向いた男はいない。

そんな光秀だから、いったん信長の元に行くと「信長公へ御奉公申し上げたい」と、信長の直属家来を希望し、細川家には戻らなかったようである（『武功雑記』）。

ただ、藤孝が見込んだ通り、光秀は優秀であった。信長の軍勢を京都に入れて、三好三人衆を追い出す作戦は大当たり。足利義昭の政権が樹立された。藤孝も信長から長岡京市の旧領地を回復してもらい、二万石ほどの領主に返り咲くことができたのである。

大功をたてた光秀は信長と義昭の連絡役となり、丹羽《にわ》長秀《ながひで》や木下藤吉郎《とうきちろう》（秀吉）等と、信長の近畿支配の行政を担当。地位を上げていった。藤孝が米を徴収する時も光秀の意向に左右される有様で、地位が逆転した（『東寺《とうじ》宛藤孝書状』）。そこで、前項で述べたように藤孝たち細川家は跡取り息子の妻に、絶世の美人で光秀の娘、お玉を迎えようと画策した。のちの細川ガラシャである。ただ、この縁組をしてしまったがゆえに、細川家は「本能寺の変」で窮地に立たされる。その時の細川家の様子は次項で書きたい。

細川家に伝わる「光秀謀反」の真相

なぜ明智光秀が織田信長を襲ったのか。明智は滅びたから史料が少なく、動機の解明は難しい。ただ光秀の娘が、細川家の忠興に嫁いで後にガラシャとなっている。明智の残党もこの家を頼ったから、肥後細川家には「明智情報」が多くのこった。このへんから手がかりが出てきそうである。

細川家記録『綿考輯録《めんこうしゅうろく》』は一八世紀の書物で鵜呑みにはできないが、当時、細川家中にあった古文書が元になっている。光秀の親類の家に残った数少ない内部情報だから一見の価値はある。細川家は明智の謀反を、どのようにとらえていたのだろうか。

細川家の記録は、ある時から、光秀と信長の間にすきま風が吹きはじめたのを見逃していない。「光秀の邸《やしき》に信長が来臨した時、（信長が光秀の）広間が十八畳なのを『広過ぎたり』と気に入らず、御膳を召し上がらずお帰りになった。『(信長様は)全体、自分より人が勝っている事は嫌いだ』ということだった。信長公の座敷は八畳より広いものはなかった」(『綿考輯録』)。信長はするどい。光秀の忠義はみせかけで、本当は主君よりも自分を輝かせたい男なのではないか。そう見抜いたふしがある。

本能寺の変の直前、光秀と信長は「密室」で言い争った。それは「二人だけの間での出来事」であったと宣教師フロイス『日本史』は記す。光秀が口答えしたので、信長が「怒りをこめ、一度か二度、明智を足蹴にした」。この時、何で言い争ったのかはわからないとフロイスはいう。近年見つかった証拠でいえば、四国の戦国大名・長宗我部《ちょうそかべ》氏への外交方針であったかもしれない(「石谷家《いしがいけ》文書」)。

実は細川家では、本能寺の変後、光秀謀反の理由を明智家家老の息子「斎藤佐渡殿」から聞き出している。斎藤はこう証言した。「(武田が滅亡し一族の)穴山梅雪《あなやまばいせつ》が信長に降参した。(穴山の口から光秀の武田への)内通(内々逆意)が露見するのを恐れ、取り急ぎ謀反心を起こされた」(『綿考輯録』)。光秀は信長の寵愛《ちょうあい》に陰りがみえ、不安を覚えており、信長に疑われて成敗される恐怖を感じていた可能性がある。

ともあれ、本能寺の変に、細川家は仰天した。細川家の隠密《おんみつ》は愛宕《あたご》山(右京区)の山伏とゆかりが深い。同山の幸朝《こうちょう》という僧のはからいで早田道鬼斎《はやたどうきさい》という一六里（六四キロ）の道を三時（六時間）ばかりで走破できる飛脚が急報してきた。

この飛脚が細川藤孝・忠興親子の宿所に着き、「泥足にて御広間に走り上がり文箱を差し出」した。文箱の中の書状には「昨二日、明智殿の軍勢が俄《にわ》かに襲い信長公父子は本能寺と二条《にじょう》御所で御切腹」とあった。

細川親子は仰天した。次いで光秀からも使者がきた。「信長はたびたび我（光秀）に面目を失わせ、我儘《わがまま》のふるまいのみあるに付き、（信長・信忠）父子ともに討ち滅ぼし鬱《うっ》憤《ぷん》を散じた。軍勢を召し連れ早々に上洛あって何事もよくよく計らってもらいたい。摂津国は幸い欠国（無主国）なので先《ま》ずは知行（領有）あるべし」という内容であった。

それで、細川家では藤孝・忠興父子と重臣の米田求政《こめだもとまさ》・松井・有吉の五者会談が開かれた。三つの選択肢があった。〈1〉光秀に味方し摂津をもらう〈2〉藤孝・忠興は剃髪《ていはつ》し中立を保つ〈3〉秀吉らと連携し明智討伐に参加、の三つである。

重臣の米田は「当家は信長卿に取り立てられた。明智も同じなのに天下を取った。ならぬこと」との意見であった。信長を敬愛する忠興は光秀に怒り心頭で「明智の使者を斬る」と暴れた。〈1〉は滅亡に巻き込まれる危険がある。結局、細川家は〈2〉の中立に決めた。その後、戦局をみて〈3〉の秀吉の明智討伐に協力することにした。米田は主従六人で京都に「忍び入り」、細川家情報本部を東福寺《とうふくじ》に設置して情報戦を展開した。そのおかげで結局、細川家は明智滅亡に巻き込まれることなく、この政局を乗り切っている。

信長の遺体の行方

織田信長の「遺体消失の謎」を探るテレビ番組を自分で企画提案し、出演して作った。テレビでは発言を編集され、カットされてしまう。言えなかったことを書いておく。

一五八二年、信長は本能寺の変で明智光秀の軍勢に襲われ、寺に火を放ち自害して果てた。遺体の行方には諸説ある。各史料に記された当時の様子はざっと、こんな内容である。

まず、宣教師フロイスは「毛髪一本残すことなく灰燼《かいじん》に帰した」(『日本史』)と記す。明智も信長の遺体を捜索したらしい。「(信長の)死骸は見つからず、明智も不審に思い、色々、尋ねた」が見つからなかった(小瀬甫庵《おぜほあん》『信長記』、『当代記』)。

ところが、信長の遺体を特定できたとする後世の史料もある。『林鐘談《りんしょうだん》』は、明智が

「瓜《うり》の紋の付いた小袖の焼け残った屍《しかばね》を見つけ『これぞ信長の遺骸なり』と全軍に披露して、衆兵を勇ませた」とある。織田家の家紋は木瓜《もっこう》。瓜紋の衣服をつけた遺体を発見もしくは、でっちあげ、明智は全軍の士気を高めた可能性がある。

注目すべきは一六八〇年代に成立した京都の地誌『雍州府志《ようしゅうふし》』である。これにも着衣で信長の焼死体を特定したとの記述がある。「本能寺が焼け終わった後、清玉（上人）がその場に赴き、骨灰を集め、この（阿弥陀）寺に葬った。灰の中に信長公が常に着ていた衣服の焼け残りがあり、これをもって（信長遺体の）徴《しるし》とした」。

本能寺で異変が起きた時、まっ先に駆けつけたのは、近くの阿弥陀寺の清玉という高僧であった。この僧は死んだ母の体から引き出されて産まれ、織田家で育てられた人である。帝《みかど》の信任が厚く、信長はこの清玉に戦乱で焼けた東大寺大仏殿の再建を行わせていた。

阿弥陀寺には、清玉が本能寺で信長たちの遺体収容に奔走した顚末を記した「信長公阿弥陀寺由緒之記録」という古文書がある。これは一七三一年の成立で時代は下る。しかし、価値がないわけではない。一六七五年以前の寺の記録が大火で焼けたので「塔《たっ》頭《ちゅう》の老輩」「檀（家）中の古老どもが覚えていた」記憶をもとに「前後始終を考え合せ」て書き記したものという。この内容は、明治時代に『史籍集覧』第二五冊として公刊されたが、原本を調査した研究者は少ない。

この史料には、こう書いてある。本能寺に清玉は僧二〇人で駆けつけた。しかし、表門等は明智軍がいて近づけない。清玉は「裏より垣を破りて寺内へ」入ると、本能寺には、もう火がかかっていた。「傍らをみると、墓の後ろの藪《やぶ》に（顔見知りの武士が）十人余り打ち寄り、卒塔婆のような物をくべて」、火で何やら焼いている。清玉が「信長公は、いかがされた」と問うと、その武士が「切腹遊ばされ、ご遺言で『死骸を敵に取られるな。首を渡すな』と言われた。然《しか》れども死骸を抱いて立ち退こうにも四方は、みな敵……。只今《ただいま》、これで火葬にし灰となして敵に隠し、我々はその後、切腹して御供しようと存ずる」というので、清玉は「骨をとり集め衣に包み」、本能寺の僧が退去するふりをして明智勢を欺き、無事、信長の骨を持ち帰った。

本能寺の境内はそれほど広くない。明智軍に見つからず境内の藪で火葬できたのか。そんな疑問も残る。近年、本能寺の発掘で寺の敷地は以前から言われていた一町（一二〇メートル）×二町よりも狭い一町四方と判明した。あたりは畑もあったらしい。清玉は畑に展開した明智軍の裏をついて境内に侵入し、信長側近からすばやく信長の遺骸を受け取って外へ出たのだろうか。謎は深まるばかりである。

水攻めを許した毛利の事情

京都で織田信長が明智光秀に討たれた時、羽柴《はしば》秀吉は、いち早くそれを知った。当時、秀吉は中国地方の毛利氏と戦っており、毛利方の備中高松城《びっちゅうたかまつ》（岡山県）を包囲中であった。城の周囲に堤防を築き、梅雨で増水した河川の濁水を流し込み、水攻めにしていた。だが、信長の死を知ると、秀吉はすばやく毛利と停戦して、都へ取って返し、光秀を破って天下を取った。

私は岡山の生まれである。小学生の時分から水攻めには興味があった。高松城は湿地にあり、台風が来ると、あたりは水浸しになって本当に「水攻め」になる。だから、台風と聞くと、そわそわした。強風のなか、小学生のくせに、往復二四キロの道を小さな自転車をこいで、こっそり見に行く。岡山市は増水した用水路に人が落ちてよく死ぬ。

だまって行かねば大人に止められた。そうして命がけで見た高松城の光景は忘れられない。四〇〇年前が眼前によみがえったようで、なんとも言えなかった。

そんな話を講演でしたら岡山市から話がきた。「備中高松城水攻めの情景を現代のコンピューター技術を使って動画でよみがえらせたい。ネット上で公開し、観光客にもみせる。先生、監修を」という。喜んで引き受けた。私が高松城水攻めの疑問に答える五十分の解説動画もこしらえ、ユーチューブで公開中だ。

高松城に来た観光客から、よく出る質問がある。「秀吉軍は水攻め堤防を三キロ近く築いたそうだが、地図をみると、この堤防のわずか一キロ先の川向こうまで毛利軍が高松城の援軍にきている。毛利軍は堤防工事を邪魔したり堤防を破壊したりできなかったのか」。この質問への答えはこうだ。まず毛利の援軍は出足が遅かった。当時の毛利は落ち目。毛利軍の大将・小早川隆景《こばやかわたかかげ》が「毛利家一大事の時」と軍勢を招集しても集まりが悪かった。備中・備後《びんご》（広島東部）の毛利の配下は戦意が低い。増水した川を渡って攻撃したがらないと、総大将の毛利輝元《てるもと》が、ぼやいた書状が残っている。

そのうちに秀吉は手早く堤防工事を終えてしまった。堤防は長さ三キロにみえるが実は大半が自然堤防や微高地を利用していた（籠瀬良明《かごせよしあき》「備中高松城水攻堤への異論」）。壊せるのは三〇〇メートルほどの区間だけ。そこだけ割と高い人工堤防が築かれていた。しかし、その場所は秀吉軍の本陣の目の前、しかも山上から銃撃されやすい場所であった。この部分を破壊して、水攻めの水を抜こうとすれば、毛利軍は確実に秀吉軍の本陣下で銃丸を浴び、包囲殲滅《せんめつ》される。そういうわけで、堤防の破壊作戦は無理であった。

そのうえ、秀吉は毛利軍内部への裏切り工作に余念がなかった。毛利方の豪族に密使を送り金銀をばらまき、甘言で誘っていた。これが効いていた。毛利方の砦《とりで》が次々落ち、水攻め堤防の壮大さをみると、毛利軍には裏切りが続出した。なんと大将・小早川隆景の義理の兄弟までが裏切った。上原元将《うえはらもとすけ》という武将は毛利元就《もとなり》の娘を妻にしていたのに味方を斬り殺して、秀吉の元に走った。毛利軍は動揺し、疑心暗鬼に陥った。小早川隆景は不安になり、陣所を引き払って撤退するかとまで口にしている。

毛利軍はそんな状況だから、堤防の破壊どころではなかった。秀吉軍をにらむ山上に陣を張っているのが精いっぱいで、秀吉から和睦の話がくると、すぐに応じた。一両日して「信長が死んだ」との確報がきても秀吉軍を追撃する気は起きなかった。味方は内通者だらけで追撃は危険であった。秀吉と共に歩めば、毛利は内部に敵を抱えずにすむ。知恵者の隆景は即座にそう判断したらしい。

比類なき戦国美少年と淀殿

名古屋山三郎《さんさぶろう》（一五七二～一六〇三年）をご存知であろうか。戦国時代の日本一の美少年である。先祖が今の名古屋あたりの領主で、元は「名越」「那古屋」と名乗った。

この男を歴史学が研究せねばならぬ理由が二つある。まず山三郎は日本三大美少年（名古屋山三郎・不破万作《ふわばんさく》・浅香庄次郎《あさかしょうじろう》）の筆頭で、歌舞伎にしばしば登場する。歌舞伎踊りの創始者・出雲《いずも》のお国の彼氏との伝説もある。芸能史上、彼の経歴を明らかにする必要がある。

さらに山三郎には、日本史上の重大な疑惑がある。山三郎は女性にもてた。豊臣秀吉が朝鮮出兵のため、大坂城を留守にしている間に、側室・淀殿と不倫の密通をして、秀頼の実父になったのではないか。この噂《うわさ》が絶えない。

ところが、山三郎については研究が少ない。そもそも史料が乏しい。そうしたら、先日、神田の古本屋で重要な史料を見つけた。「武辺雑談《ぶへんぞうだん》」という雑史である。国立公文書館の内閣文庫、宮内庁書陵部などが所蔵する数部しか、この世に存在が確認できない稀覯《きこう》本である。もちろん活字化はされておらず、崩し字を解読して読むほかない。ただ、私は新聞と同じ速度で古文書が読める。

パラパラめくっていたら、その二巻目に「名古屋山三郎父は……」と、山三郎の記事があった。「全五冊で四九〇〇円」というから喜んで買って帰った。この史料には、山三郎の知られざる記述がたくさんあった。山三郎の父は織田信包《のぶかね》の家来とされてきたが、こちらの史料には「秀吉の馬廻《うままわり》（親衛隊）」と記されている。これまでなかった山三郎の十五歳以前の情報が、驚くべきことにあった。父は山三郎を僧侶にしようとしたらしい。十三歳の時、「山三郎は東山建仁寺《けんにんじ》の西来院へ喝食《かっしき》（稚児《ちご》）」に出た。当時、禅寺では年若い美少年を喝食として置く習慣があった。

そのとき、秀吉が小田原の北条氏を征伐することになった。先鋒《せんぽう》は蒲生氏郷《がもううじさと》という武将であり、氏郷は京都に近い深草の河原で軍勢を勢ぞろいさせた。それに見物人が集まった。建仁寺の僧侶も美少年を伴って見物していた。そこへ、氏郷が銀の鯰尾《なまずお》の兜《かぶと》をかぶってやってきて、山三郎を見てしまった。「類なき容顔美麗の喝食」である。氏郷は、たちまちその気になった。「どこの寺にいる。何という児か。父の名も聞いてまいれ」と命じた。氏郷は山三郎の父に「熱望し、小姓とす」ということになった。

こうして氏郷の小姓になった山三郎は、東北の大崎・葛西一揆を退治する戦場で、手柄高名をあげ、「氏郷いよいよ寵愛にて出頭（お気に入り）無双」となった。戦国時代は実力主義である。男も容姿が美しければ、出世の道があった。

ところが、ここで氏郷が病死してしまった。山三郎は殉死するかと思われたが、暇《ひま》を取り、京にもどってきた。「氏郷の遺言にて、金銀おびただしく賜り、富貴栄耀《えいよう》の浪人」となって、都で千石取りの武士の暮らしをした。

容色が無双の生まれ付きのうえ、衣装や刀・脇差・馬鞍《うまくら》・お供の綺麗《きれい》なことで都の耳目を驚かした。それで、洛中洛外を通行すれば、「町家の男女ども駆け出して山三郎を見物する程の事」になったという。

山三郎はもてる。「名高き葛城《かつらぎ》といふ傾城《けいせい》（美女）を連れ、目通《めどおり》（目立つ所）にて花見遊山」をした。この史料からすれば、彼のお相手はお国ではなく葛城らしい。それだけではない。秀吉が寵愛した絶世の美女の側室「京極《きょうごく》松の丸様も」山三郎に近づいてきたという驚きの記述があった。相手は淀殿ではない。松の丸殿である。それについては、次項に書く。

秀頼の実父に新候補

名古屋山三郎の話を続ける。あまりに美少年なので淀殿と密通し、豊臣秀頼の実父になったとの説がある。豊臣秀吉の側室と密通したというのだ。

しかし、私が先日入手した史料「武辺雑談」によれば、山三郎に恋慕したのは秀吉の別の側室・松の丸殿こと京極竜子《たつこ》らしい。「秀吉公寵愛の松の丸様も清水の花盛の時、山三郎を御覧候て、恋慕なされ、ごぜ（目の不自由な女性芸能者）を御使にて艶書《えんしょ》下されたる」とある。秀吉は側室の女性たちを、一見、幸せにしているかのようであった。だが、実際は違う。秀吉は女性の恨みもかっていた。秀吉の側室たちは秀吉を陰で裏切る動機をもっていた。

京極竜子は、とくに悲惨である。絶世の美女に生まれてしまい、それが彼女に不幸をよびよせた。竜子には夫がいたが、秀吉が彼女の体を欲しがった。どういうわけか、夫が明智光秀に加担したかどで、秀吉・丹羽長秀連合軍に謀殺されるという厳罰をうけ、結局、美しい体を秀吉にささげさせられた。秀吉は有馬の湯に専用浴場を作り、彼女に「母親以外と入るな」と厳命し、自分だけで彼女の裸体を鑑賞した。そんな秀吉の書状まで残っている。美女だから美男の山三郎との噂が立ったものだろうが、真実の愛に飢えた彼女が山三郎に恋慕しても不思議はない。淀殿もそうである。内心、秀吉を恨んでいてもおかしくはない。秀吉は織田信長の指示で、淀殿の実父浅井長政《あざいながまさ》を追いつめ、幼い兄を捕縛し、磔《はりつけ》で串刺しにした。実母のお市《いち》も秀吉が自害に追い込んでいる。

九州大学名誉教授の服部英雄《はっとりひでお》先生が『河原ノ者・非人・秀吉』（山川出版社）という本を書かれている。この本は毎日出版文化賞受賞作となった。服部先生は秀吉の奥向きのただれた実態をさぐり、秀頼の父が秀吉でない理由を明快に論じられている。イエズス会宣教師フロイスまでが、こう記している。「多くの者は、もとより彼（秀吉）には子種がなく……その息子（秀頼兄・鶴松《つるまつ》）は彼の子ではないと密《ひそ》かに信じていた」。秀吉が朝鮮出兵で文禄《ぶんろく》元（一五九二）年に大坂城を出て、その留守中に淀殿が懐妊している。秀吉が実の子でないと、秀吉もなんとなく、気付いたふしがある。秀吉は声聞師《しょうもじ》という祈禱《きとう》師《し》を追い払い、淀殿周辺の男女を淫らな男女関係を理由に大量に処刑しているからである。この粛清は公家の西洞院時慶《にしのとういんときよし》の日記によれば「大坂において在陣の留守の女房衆、みだりに男女との義」が罪状とされ、「若公（秀頼公）の御袋（淀殿）家中・女房衆が（秀吉の）御留守に曲事《くせごと》」で処刑された。フロイスによれば「生きたまま火あぶりにされたものや斬られたものは三十名を超えた」という。祈禱にことよせて多額の金銀が声聞師に与えられ、淀殿周辺で不義がなされたとし、服部先生は「おそらく拾《ひろい》（秀頼）の生物学的な父親は、このときに殺された」とされている。しかし、秀吉は淀殿も秀頼も殺さなかった。おそらく、自分の政権維持と外聞のため、淀殿周辺の女中が乱交したことにして皆処刑して口封じを図った。

しかし、誰が処刑されたか、フロイスも西洞院時慶も書いておらず、名前がわからなかった。そこで、私はこの時期の公家日記をシラミつぶしに調べた。すると、京都・吉田神社の神主で公家の吉田兼見《かねみ》の日記『兼見卿記《かねみきようき》』文禄二（一五九三）年十月二十日条に気になる記述があった。

その日、吉田のいとこの細川幽斎が来訪したとあり、そのあとに「伝え聞く。松浦讃《さぬ》岐《き》（重政《しげまさ》）御勘気と、うんぬん。中村少（勝）右衛門已下《いか》御成敗と、うんぬん。明日、民部少輔、見舞としてまかり下るの由、申し付けおわんぬ。西国御在陣中、女中方の儀と、うんぬん」とある。松浦重政というのは、秀頼が生まれた時、健康に育つよう、わざと捨てて拾った養育係である。その松浦が秀吉の勘気をこうむり、「中村少右衛門」以下が処刑された。処刑理由は、秀吉の西国在陣中に女中方の件で、とある。細川が豊臣家の秘密の内情を伝えたとみられる。

果たして、この中村少右衛門は一連の管理責任を問われただけなのか。彼こそが秀頼の実父だったのか。だが謎に迫れるのは、現状ここまでである。日記に書くのが恐いのか、詳しくは記されていない。私は、この中村という男を追っている。情報があれば欲しい。

潜入失敗、忍者もつらいよ

岡山城天守は空襲で焼失した。今は鉄筋コンクリートの再建天守だが面白い城である。天守がミラクルな建物で五角形の石垣のうえに立つ。これが二〇二一年六月一日から閉館して大改修中であった。岡山市出身の私が改修後の新展示を監修することになった。

私が手掛ける以上、関ヶ原合戦・忍者などもメインの展示内容に入れる。なにしろ岡山城の城主、宇喜多《うきた》・小早川・池田の三家は、みな関ヶ原合戦で戦い、勝敗に決定的な影響を及ぼした。それで「関ヶ原と忍者」の関係を調べてみた。合戦で忍者が活躍するのはまず前哨戦での諜報《ちょうほう》・偵察。合戦開始後は、狙撃手として足軽大将・侍大将などを鉄砲で撃つ。忍者の狙撃については拙著『歴史の愉《たの》しみ方』（中公新書）でふれたから繰り返さない。

問題は関ヶ原合戦（一六〇〇年）の前哨戦での忍者の活躍である。戦いから約四〇年、徳川三代将軍・家光《いえみつ》は『寛永諸家系図伝』の作成を命じた。この時点では、合戦体験者の老人がまだ生きており、系図編纂《へんさん》のため、諸大名・旗本の家で戦争記憶の緊急聞き取り調査がなされた。この調査・編纂については平野仁也《じんや》『江戸幕府の歴史編纂事業と創業史』（清文堂出版）が詳しい。

この関ヶ原の記憶調査記の一つが『一柳《ひとつやなぎ》家記《かき》』。そこに、忍者の生々しい潜入工作と、それに対抗する防諜作戦が記されている。一柳直盛《なおもり》は東軍・徳川方の武将。関ヶ原の前哨戦では最前線にいた。西軍・石田三成《みつなり》方は佐和山《さわやま》城（滋賀県彦根市）と大垣《おおがき》城（岐阜県大垣市）を根城にしていた。東軍の徳川家康が関ヶ原に進出して戦うには、佐和山・大垣両城の中間にある敵中の「長松《ながまつ》城（大垣市）」を誰かが守備し、両城の連絡を分断する必要があった。一柳直盛の軍勢が家康の婿《むこ》・池田輝政《てるまさ》の視察をうけつつ、この危うい任務にあたった。一柳は「（長松）城より三町（約三三〇メートル）大柿（大垣城）の方に張番三ヶ所」を構え「足軽頭一人・足軽十人」ずつを配置して警戒線を張った。

西軍石田方としては、この警戒線の内側に入り、東軍徳川方の兵数と配備状況を知りたい。石田方は斥候《せっこう》八人を「労《つか》れたる百姓の体《てい》に似せ」て変装させ「文籠《ふみかご》の様なる器に餅を入れ、売」りにきた。しかし、一柳たちは心得たものである。たちまち見破って「搦捕《からみとら》」え、「張番所に獄門に懸」け、忍びが潜入すればこうなるぞと見せしめにした。

それでも石田方はあきらめない。今度は「原孫左衛門」と名乗る牢人が張番所にきた。牢人は親類の吉村という者がこの間、一柳様へ仕官した、拙者も仕官したい、吉村に会わせてくれ、といって近付いてきた。張番所の足軽は牢人の「刀脇差」を預かり、長松城の門に案内した。その時、ちょうど池田輝政が視察にきていた。池田は物陰から吉村に牢人の面体を確認させた。吉村はいった。あいつは近頃まで私同様の牢人だったが、この前、(石田三成の妹婿の)福原右馬助《うまのすけ》方に黄金三枚で召し抱えられたときいている。あれは、「忍之者に紛れ無」い。原と名乗る牢人はすぐ捕らえられ、池田の指示で井伊直政の陣へ連行された。井伊は「忍之者」を捕縛し、ここまで連行したのは「一段手柄」と誉《ほ》めたたえ、「其方にて斬殺」を命じた。一柳家では「大柿《おおがき》忍之者」をさらに二人捕縛し、「斬捨」てている。

忍者研究では「忍者すごい」の言説があふれがちだが、現実の史料を見ると、多くの忍者が拙い潜入で殺されている。「新・岡山城PRサイト」という告知サイトでは関ヶ原前哨戦での小早川秀秋《ひであき》の忍者の活動も記しておいた。ご興味があればご覧いただきたい。

家康がうけた外科手術

難しい手術をした。咽喉《のど》にコロコロ固い塊があるのを感じた。開業医を何軒も回ったが、いずれも咽喉をのぞき触診するだけで「なんでもない」という。「そんなはずはない」と言い張ると最後の一軒が大学病院を紹介してくれた。大学病院の先生は超音波検査器をあててくれた。超音波の映像をみた瞬間、先生が急に優しくなった。首の内部に固いものがあったら悪性リンパ腫がまず疑われる。ところがMRIを撮ると「四センチの良性の頸部《けいぶ》神経鞘腫《しょうしゅ》」だという。開業医は日頃の診察で済ませやすい。患者の訴えによっては超音波検査を有効に活用したい。「見逃し」が防げると感じた。

頸部神経鞘腫は命に別状はないが、厄介な病気だった。最初にかかった大学病院の先生は欧米の治療基準を示して「経過観察」をすすめた。この腫瘍が大きくなるか明確でない。また腫瘍ができたのが迷走神経か交感神経か「画像診断ではわかりかねる」ともいった。神経の腫瘍切除手術は一般に脳に近いほど難しい。「手術で声がかれたり瞼《まぶた》が垂れたり瞳孔が開閉できなくなるリスクがあるから経過観察だ」という。

そのうち、その先生も私も転勤し、別の大学病院に転院してMRIを撮ったが腫瘍は増大していった。最初は年間一ミリのスピードであったが、そのうち年間三ミリを超える速度で増大しはじめ六センチ近くにまで成長した。こうなると首の静脈が圧迫される。疲れやすく睡眠障害が出た。頭が、ぼーっとした。外見上も耳の下にコブがポッコリ出てきた。童話に「こぶとりじいさん」というのがあって、ネタ元は『宇治拾遺物語《うじしゅういものがたり》』巻一の「鬼に瘤《こぶ》取らるる事」であるが、鬼にコブを取ってもらえた爺《じい》さんがうらやましくて仕方がない。転院先の先生も「そろそろ手術を考えましょう」とすすめてくれた。

とはいうものの、脂肪腫と違い、首の神経鞘腫の手術は神経脱落がこわい。そこで徳川家康の腫物《はれもの》治療の逸話を想い出した。家康は浜松城にいた時代、粉瘤《ふんりゅう》と思われる腫物に悩んだ。素人療治で腫物を若い児小姓《こごしょう》たちに蛤《はまぐり》の貝で挟んで引き抜かせ悪化。「御遺言を遊ばされ」「近国にては既に御他界と沙汰」される程だった（『岩淵《いわぶち》夜話別集』）。ところが本多重次《しげつぐ》など側近が患者力を発揮した。世界的視野と実証実験を重視して良医の治療を探した。一説には「唐人医者」（『紀伊國物語』）「明医《みん》」（『砕玉話《さいぎょくわ》』）ともいう勝屋長閑《かつやちょうかん》という者の腫物治療をうけ全快した。

私も小児科医の義弟の協力を得て世界中から英文・邦文の論文を集め研究することにした。結果、頸部神経鞘腫は比較的稀な疾患で「標準治療」が確立されているとまではいえないとわかった。しかし昭和大学病院の嶋根俊和《しまねとしかず》教授が「被膜間摘出術」を改良し、この手術の名手で、一三〇例以上執刀していて症例数が多いという情報も得られた。通常の頭頸部外科医は一例か多くても一〇例以内の手術経験のようで、執刀医によって治療成績の差がまだ大きい段階ともわかった。親切な方々が嶋根教授を紹介して下さり、転院先の大学病院も紹介状を書いて送り出してくれた。嶋根教授はすごい。MRI画像をみただけで「これは交感神経にできた腫瘍」と言い当てた。ただ嶋根教授の執刀でも神経脱落のリスクはゼロにはならない。五時間以上の手術だったが、嶋根教授は精密な手術で六センチの腫瘍だけを見事に抜き出してくれた。おかげで私の瞳孔も瞼も守られ、完治した。

稀な病気の場合、医師は忙しくても最新の医学論文を検索し、他の得意な医者を患者に示す手間をとるべきである。患者側も自分の病気を調べる努力が必要だと感じた。とくに外科医のなかには、プライドが高く、自信家で、何んでも自分で執刀したい人もいる。要注意である。珍しい手術は上手な外科医にやってもらうのがいい。

家康の築城思想

お城についての徳川家康の考えは面白い。家康は単純に「堅固な城を作ればよい」とは言わない。「城は敵に取られるもの」と考えていたふしがある。家康は、まことに用心深い。織田信長のように、手薄な本能寺に泊まって殺されるのは、まっぴら御免と考え、関ヶ原合戦で勝つと、京都に宿泊用の城を作らせ始めた。二条城である。

ところが家康は完成した二条城をみて「大き過ぎる」と怒ったらしい。一六五〇年以前成立の「安国殿御家譜《あんこくでん》」に、いささか怪しいが、逸話がある。家康はこういった。「ワシがここ（京都）にのぼり、五〜七日逗留《とうりゅう》する時、小敵ならば、二間半（四メートル五五センチ）の堀さえあれば防ぎやすい。一両日もすれば近国の味方が馳《は》せ集まる。十日たてば関東の大軍が馳せのぼる。そうなれば敵は踏みとどまれない。三〜五日の要害（要塞《ようさい》）だから、それでよい。平たい屋形でもいい。それでも信長公のような不慮のこともあるので、それを逃れるためだ。ワシは上方の処置さえすれば（すぐに）関東に下る。そのあとに、この城を敵に奪い取られたら、また取り返す時、むつかしい。（敵は城が堅固だと）敗れるまで立て籠もるものだ。それを考えず、こんなに（大きく）良く築くのは思慮が足りない」

家康は本多忠勝《ただかつ》にこういって怒ったという。慶長六（一六〇一）年のことというから、完成時ではなく、二条城の計画段階で、家康は家来と、この種のやり取りをしたのかもしれない。

遠方に堅固な城を築くと、敵に取られた時に困る。家康以来、徳川幕府がそんな思想を持ったからか、お城を持たせてもらえない殿様が出来てしまった。北海道（蝦夷地《えぞち》）の松前《まつまえ》氏と五島《ごとう》列島の五島氏である。異国から日本を防衛するには、真っ先に、北海道や五島列島に城が必要。ところが、松前氏や五島氏は公式には居所が「館」のままで、異国船の脅威が深刻になる幕末期まで、なかなか本格的な築城が許可されなかった。

その事情をペリー来航の一八五三年に書かれた「千代田問答」は、こう記す。「御神将（＝家康公）は、ある時、おっしゃった。松前・五島には城地を経営させないようにしろ。万一、外国人に攻め取られた時は、とりも直さず、(侵略の)足がかりになる。そのため、城地は無用ということだ。(松前・五島は)いずれも海を隔てた土地ゆえ、海から侵略が来て襲われるのが急で、自国の援兵が到《いた》るのが遅い時は落城するだろう。その時は、たちまち外国人の巣窟になり取り戻すのが難儀だろうから」。家康の言葉に仮託して、幕府が松前氏や五島氏への築城許可を渋った理由が語られている。

家康は豊臣氏を滅ぼすと、すぐに「武家諸法度」で、大名の新規築城を禁じた。ただ例外もある。一七世紀半ば、幕府は西国大名を抑止する前線「境目」を今の岡山・兵庫県境に引こうとしていたふしがある。一六四五年、幕府は浅野長矩の祖父に「城を新築していい」と赤穂の地を与えた。さらに一六七二年、脇坂安政《わきさかやすまさ》を赤穂の隣に封じ、龍野《たつの》城を再築城させた。幕府は巨大な姫路城に徳川の譜代一門を入れ、その西隣に赤穂城と龍野城を築かせ、防衛ラインとした。偶然か現在も、この線が関西弁アクセントの境界である。

赤穂城の新築工事を一三年もやったせいで「境目の大名」浅野家は藩風がすっかり臨戦的になった。その勇ましさが「吉良邸討ち入り」につながったのだが、その話は拙著『殿様の通信簿』(新潮文庫)に書いたので繰り返さない。

第2章　江戸の殿様・庶民・猫

三代・徳川家光の「女装」

よく時代劇で、殿様が改易され領地を召し上げられるシーンがある。それで気になるのは失業大名のその後である。どうやって暮らしていたのか。

三代将軍・徳川家光に改易された大名に青山忠俊《ただとし》がいる。これは気の毒な改易であった。主君・家光の「女装」を注意して青山は改易されたといわれている。

顚末はこうである。徳川家康と秀忠《ひでただ》は大坂城の豊臣秀頼を滅ぼすと、まっ先に三代＝家光の英才教育をはじめた。豊臣秀頼の体たらくをみたからである。秀頼は名将の素質はあった。ところが、ひどく甘やかされ、乗馬も危ういほどに肥満化し、結局、滅亡した。

「徳川はその轍《てつ》は踏まぬ」と、家康と秀忠は決めた。後世の伝では、数え十二歳の家光に三人の補導役をつけたとされる。その人選は「重・硬・軟」を組み合わせたものであった。徳川の人事は異なる性格の人間をとりまぜる。まず、重厚感のある無口な酒井忠世《ただよ》。次に、厳しく直言する青山忠俊。そして、優しく導く土井利勝《としかつ》の三人である。

なかでも傅役《もりやく》の青山忠俊は家光への愛情が深い。家光の母は家光よりも自分で育てた弟を溺愛していた。家光は乳母と暮らす、さびしい少年であった。青山こそが父親代わりで、この頃、狂言「清水」の観劇中に大地震が起きた時も、すばやく家光を抱き上げ、庭に出たのは青山であった（『額波集《がくはしゅう》』）。

ところが青山は厳しい。言うことをきかぬと、まず自分の両刀を投げ捨て、もろ肌脱ぎ、上半身は裸になって家光の膝元にくる。そして「言うことをきかれぬなら、この青山の首を刎《は》ねられてから、どうでもなされよ！」と叫ぶのが常であり、家光にすれば、まことに、ややこしい父親がわりであった。

土井利勝は全く違う。青山のあとに、酒の盃《はい》を持って出てきて、「酒井や青山のようでは、若様もさぞ煙たいことでしょう。まあ一杯やって気晴らししましょう」と、さまざまもてなす。「若様、やっぱり青山がいうのが道理と思われませんか。酒井に知れたらタダでは済まない。まげて青山の言うようにしていただけませんか」。そう土井が説得すると、家光は言うことをきいたという。まるで刑事ドラマの取り調べである。怖い刑事と優しい刑事が交互に出てきてカツ丼、いや酒を出して家光を腹落ちさせる教育方法がとられていた。

しかし家光も何時《いつ》までも子どもではない。事件が起きた。青山がふと御前に出ると、家光が、鏡を立てならべ化粧をしている。踊りをするのだという。当時はかぶき者の奇抜なファッションが流行していた。男が女のように化粧し、踊り狂っていた。青山は激怒。「こんなことに熱中されるとは！」。家光から化粧鏡を奪い取ると、庭に投げ捨てた。さらに「これが天下を保つ方のご所業か」と捨て台詞《ぜりふ》を吐いた。

家光も怒った。人前で子ども扱いして諭すとは「無礼なり」。青山を老中から外し、減封した。さらに、父親の秀忠が死去すると、青山を蟄居《ちっきょ》・改易処分とした（『徳川実紀』）。

それからの青山家は悲惨だ。縁を頼って遠州小林（浜松市）などに蟄居し、蓄えを削りながら暮らした。鮎《あゆ》漁もしてなんとか自活の道を歩んだが、酒もない。ようやく酒を入手すると一、二杯分しかなく、クジ引きで呑《の》める人を決めた。はずれた青山の子・宗《むね》俊《とし》は「クジにさえ負ける」とため息をつく始末で、当たった家来が「若様。呑んでください」というと、武士の意地で「いや、お前が呑め」という生活であった（『青山宗俊年譜』）。

結局、この青山家は忠俊の代には大名に復帰できず、子の宗俊になって大名に返り咲いた。家光は「剛直な青山忠俊を首にしたのは若気の至り。今は後悔してやまない」と、宗俊に語ったと伝わる。

甲賀忍者も勤め人

忍者の重要文書をついに確認した。

私は一〇年前から忍者の存在を実証する研究をしている。滋賀県甲賀市に足を運び、忍者の子孫を探して歩く。古文書があれば、カメラで撮影させてもらう。当初は「江戸期の甲賀に忍者はいない」という説もあったほどで、調査は難航した。甲賀に忍者がいたのではなく、地元の旧家が武士への取り立て運動のために、忍者の由緒を主張したにすぎない。江戸期の甲賀に本物の忍者がいたわけではないというのである。江戸後期、地元の旧家が「甲賀古士」と称して、忍術書『万川集海《ばんせんしゅうかい》』を幕府に献上した。それも、身分上昇の取り立てをねらったものとして考えるべきだ、との忍者「不在」論である。『甲賀市史』も忍者に紙幅をさほどさいていなかった。

ところが、その後、忍者の実在を示す『渡辺俊経《としのぶ》家文書』が公表された。この古文書で江戸期の甲賀には、少なくとも尾張藩に仕えた五人の忍びがいたことが証明された。私もこの文書の調査と紹介にかかわったが、どうも忍者の論文を書くのは気が乗らなかった。理由があった。渡辺俊経家が所属した尾張藩の甲賀五人の忍びには頭目がいた。木村奥之助《おくのすけ》というのだが、この頭目の子孫や古文書がどうしてもみつからない。甲賀の磯尾《いそお》村の者だというので、甲賀市の甲賀流忍者調査団の団長になって同市磯尾地区を探索したが、発見できない。

歴史学で一番困るのは、論文で新学説を発表したあとで、それを覆す重要史料が発見される事態である。読者は私の忍者研究を手紙で催促してくる。出版社も「磯田先生。『武士の家計簿』以来のベストセラーを早くお願いします」などと誘ってきたが、乗ってはいけない。はっきり判明していない段階では、著書や論文に書かないことも、学問的な誠実さだと思って、ふんばっていた。それで、尾張藩の忍びの頭目の文書を、どうしても見つけたかった。

そこで甲賀市役所にお願いして全市に忍者の古文書がないか市民に呼びかけてもらった。すると、奇跡がおきた。同市杣中《そまなか》地区の木村姓の家で古文書がみつかったという。

市教委歴史文化財課の伊藤誠之氏らと現場を調査して驚いた。それはまさしく、忍びの頭目・木村奥之助の文書であり、夢にまで見た木村家の「先祖書 幷《ならびに》 勤書」であった。

この発見で尾張藩が甲賀忍者を採用し使役する実態の詳細がわかった。戦国時代、木村家は「下磯尾村高四百石ほどの所」に代々いたが、豊臣秀吉に迫害され甲賀を追い出され浪人になり苦労したらしい。奥之助の曽祖父は結局、甲賀に戻れず、小田原城攻めで戦死している。遺児は甲賀に帰り浪人のまま杣中地区に住んだ。運が開けたのは江戸期に入った一六七二年。尾張藩二代・徳川光友《みつとも》が銃の長距離射撃に興味をもったのがきっかけであった。百匁《もんめ》筒で十丁（約一〇九〇メートル）先に着弾できると豪語した浪人がおり、やらせてみると、筒が破損してしまい、使い物にならなくなった。ところが奥之助は見事に成功。「調法（重宝）」とされ鉄砲打ちに採用された。

さらに七年後、奥之助は尾張藩の家老から密命をうけた。「甲賀に帰って忍びの心がけのある者をあつめよ」。こうして「甲賀五人」の忍びが生まれた。この忍びは甲賀と往来し、名古屋城下を毎年二人ずつ交代で参勤し馬にも乗れた。名古屋城下には奥之助だけが屋敷をもち、他の忍びはそこに逗留した。しかし忍びの禄《ろく》は少ない。木村家でも「二十石三人扶持《ぶち》」。名古屋城下の滞在に「難儀」する。そこで藩に願って名古屋在勤中手当をもらっている。滞在中、一人銀二匁（約一万円）。雀《すずめ》の涙である。それも七年間で打ち切られている。忍者も勤め人で、つらかった。

尾張藩主の連続死に迫る

徳川御三家の尾張と紀伊では、紀伊のほうが忍びの使いかたがうまい。それで、紀伊の吉宗《よしむね》が尾張を押しのけて、八代将軍の座についた。などと言いたい所だが、そこまでは、わからない。

とはいうものの、吉宗が将軍になる直前、尾張では不思議なことに、殿様が次々に急死した。その時分の尾張は、藩内がガタガタであった。藩主は吉通《よしみち》といい、頭脳能力とも優れていたが、奥田忠雄という側近を小姓から取り立て急に出世させていた。奥田のような者を当時「出頭人」といった。その様子は尾張藩士の日記『鸚鵡籠中記《おうむろうちゅうき》』に詳しい。

奥田は吉通の欲望に、なんでもこたえた。吉通が江戸の尾張藩下屋敷に赤坂のトコロテンを売る料理屋の町娘を連れ込んで愛しはじめると、奥田は娘の父を百五十石の尾張藩士にした。吉通が水泳の稽古《けいこ》をするといえば、八百両（約二億円）をかけて「巾三間（約五・四メートル）に長さ十五間（二七メートル）の水船」を造った。「水が冷たい」というと、「大釜八口かけて、ぬる湯に、わかす」。「薪、大分入る」と莫大《ばくだい》な費用で日本初の温水プールを完成させた。ただ、このプールは吉通が一度入っただけで水さびが生じたか、隙間ができたか「御用にたたず」お払い箱になったようである。同じ年、西日本は台風の水害があり、東日本は宝永《ほうえい》大地震と富士山の噴火が起こったが、尾張藩では出《で》鱈《たら》目《め》をやっていた。

　吉通は奥田を寵愛し、万石取りの国家老よりも上席に座らせてしまった。このあたりから、不審な事件が頻発する。一七一一年、まず奥田が名古屋城内で「大患と称して、俄に輿《こし》に乗じて帰り」、翌日、死んだ。実は「女中に刺された」と噂《うわさ》された。二年後、まだ二十五歳の吉通に異変が起きた。夕方四時まで何ともなかったが、突然「少々疝痛《せんつう》（腹部の痛み）」を訴え、わずか四時間後に死んだという。

　不可解なのは側衆《そばしゅう》である。真夜中まで、例のトコロテンを売る料理屋さんの娘が生んだ徳姫にもその死を秘匿した。死の前日、吉通は侍医に「汝《なんじ》は吾を殺しはせぬか」と言ったと『鸚鵡籠中記』は記す。

尾張藩内は完全に疑心暗鬼に陥った。父藩主の遺体に取りすがった徳姫は「今度の仕方は人間のものではない。畜生のよう」といった。姫の側近の局《つぼね》も「さてさて畜生のために、御前（殿様）は、はかなくなられた」と罵《ののし》り、わめき散らした。明らかに毒殺を疑った発言である。尾張藩には、藩主吉通―出頭人奥田―徳姫ラインと、門閥譜代の家臣のあいだに深刻な内部対立があった可能性がある。

吉通の葬儀の際、紀伊家から進物を担いでやってきた者の一人が尾張家「表玄関前にて頓死《とんし》」する事件があった。その二か月後の同じ十八日、吉通の子の五郎太（三歳）が死んだ。『鸚鵡籠中記』は紀伊家の使いの死について、「（吉通の跡継ぎ五郎太）公、御早世あるべき前表《まえぶれ》か、奇なり」と、五郎太の死と結びつけて記す。九日後、奥田の跡を継いだ弟も死んだ。二十五歳であった。

尾張藩主と跡継ぎが次々と死んだ後、吉宗が将軍になった。将軍就任時、吉宗たち紀伊藩は堂々と、忍者を使った。「紀公の間者（忍び）色々の商人になり来たり、様子を聞く」。尾張屋敷にも「紀の押の者（紀伊藩奉公人）が薬売に成来」た。わざと尾張家も顔を知る者を薬売りに変装させてよこし、「隠密裏に調べているぞ」と、見せつけたと

『鸚鵡籠中記』は語る。その後、紀伊藩では「紀伊の家中にて尾州者は中間《ちゅうげん》まで残らず暇出る」と、尾張出身者の解雇令が出されたという。尾張徳川家から忍びが侵入するのを防ぐためであろう。この時期の尾張藩は謎が多い。

果たして藩主の連続死は自然死だったのだろうか。日本史には、まだまだ完全には暴かれていない闇が存在する。

「幻の忍術書・間林精要」発見

「ニンジャはまだイマスカ?」数年前、京都駅で外国人にそう訊《き》かれた。東欧系とおぼしき老女であった。いきなり近づいてきて道案内を請われたのである。ダイヤモンド商だというその老女がいうには、なんでも日本で会いたいものが三つあり、ポーランドから来日したという。「相撲レスラー、ニンジャ。アンド、ヤクザ」といった。俄然《がぜん》、私は面白くなった。自分は歴史学者だと名乗ると、冒頭のように、今も忍者はいるか?と尋ねてきた。私は英語で答えた。「ええ。かつては、ここから鉄道で一時間たらずの甲賀に忍者が多く居ました。でも最近は少なくなりました」。

滋賀県甲賀市には忍者の子孫が今もその屋敷に住む。地元では甲賀忍術研究会が結成され、忍術修行を志す若い人も市外から参加。甲賀の忍術研究と継承をやり、町おこしにも一役買っている。私は甲賀市から「甲賀流忍者調査団団長」を頼まれ、忍者の古文書を探すのをライフワークにしている。市内から忍者の史料が出てくるたびに駆けつけ、その場で解読。確認してきた。ただ私は甲賀市在住ではない。主に市外で甲賀忍者を探す。最近では藤林《ふじばやし》家文書という岸和田藩（大阪府）に仕えた甲賀忍者の記録を兵庫県内で発見できた。

甲賀市内には、今でも忍者を「自認」する人がいる。江戸時代に建てられた忍者屋敷に住み、忍術書を読み、忍者道具（忍器）を用意して、修行にも励んでいる。例えば、福島嵩仁《たかまさ》さん。しばしば、忍び装束で私の目の前に現れるから驚かされる。この福島さんが大手柄を立てた。甲賀市甲南町《こうなんちょう》葛木《かつらぎ》の神社の蔵で「幻の忍術書・間林清陽《かんりんせいよう》」の中巻を探し出してくれたのである。甲賀市は忍びの里だが、忍術書が新しく出てくるのは珍しい。日本で一番有名な忍術書は『万川集海』というものだが、江戸時代もやや下ってからの新しい本で、巻頭に「この書を万川集海と名付けるのは、始めから終りまで、間林精要の要点を列挙記載して採用したもの」と書いてあり、種本は「間林精要」という忍術書だと知られていた。

ところが、この「間林精要」なる忍術書は既に失われたものか、個人所有の伝本があるらしいとの噂が囁《ささや》かれるだけで、博物館でも図書館でもみつからず、実在する忍術書なのかさえわからなかった。音はすれども姿は見えぬ、まさに忍者のような幻の忍術書だった。これが見つかれば『万川集海』で編集が加わる前のオリジナルな古い形の忍法(古法)がわかる。現代の忍者たちは「間林精要の降臨」を待望していた。そんななか、福島さんが忍術関係の史料を甲賀市内で探し始めた。そして旧葛木村共有文書のリストのなかに「軍法間林清陽巻中」なる冊子があるのに気付いたのである。見せてもらうと、果たして待望の忍術書であったというわけである。

それにしても、葛木村の農村文書のなかに、なぜひょっこり忍術書が混じっていたか。実はこの村には吉川金四郎という忍者がいた。元禄二(一六八九)年から尾張徳川家に甲賀五人の忍役の一人として仕えた(杣中木村家文書「先祖書并勤書様々」)。私も忍術書が見つかった蔵に入ってよく観察した。すると忍術書の傍らに吉川姓の子どもが使った手習いの教本類が何点もある。なるほど、これは元々この村の吉川家に伝わった書物の可能性が高い、と感じた。手習い本と一緒にあったということは、遠い先祖の忍術書を写しながらお習字をした子どもがいたのかもしれない。そういえば、見つかった忍術書の巻末には「延享五(一七四八)辰ノ年五月」に写したと下手な字で記されていた。忍びの里らしい光景だと思った。

忍者のミッション・インポッシブル

前項で、甲賀忍者の忍術書「軍法間林清陽」が滋賀県甲賀市の神社の蔵から出てきた話を掲載した。見つかった「軍法間林清陽巻中」には五十条ほどの忍術が記されていた。読み解いてみると、驚きの連続であった。普通の忍術書の場合、忍法の内容、HOWTOが箇条書きで連なるだけだ。ところが、この「軍法間林清陽」には忍者が失敗し負ける時のことまで丁寧に書いてある。驚愕した。戦いには失敗もあれば敗北もある。負けを考えぬ教本は実戦的でない。だからこの忍術書に忍者の失敗がちゃんと想定されているのには感心した。

例えば「大勢に取籠められた時の習い」との条がある。忍者が不覚にも見つかってしまい、敵の大人数に取り囲まれた時の対処法が記されていた。どうするのか。こう教えている。「もし敵に見つけられ、知略もかなわず討たれる時は、二人にても三人にても、一つにかたまり、太刀先をならべ、敵の右へ右へと切り懸ける。敵を一つの丸（い塊）で討つ」

忍者は見つかってしまっては失格だ。しかし、現実には忍者も見つかってしまい、不本意ながら集団での太刀打ちの斬り合いに発展して、ほうほうの体で逃げ出す場合もある。それが想定されている。当時の武士は左の腰に鞘《さや》や脇差がある。左は斬っても倒しにくい。したがって、右が敵の弱点である。さらにいえば、右のほうが敵の利き腕である確率が高い。だから忍者は右へ右へと切りかかれと教えた。現在の剣道でも、相手の右胴を打つのが基本である。左胴を打つのを逆胴といったりするのは、真剣で戦っていた時代の名残だ。

さらに、この忍術書には「難処物見の事」との条もある。「難処物見と言うのは、十が一つも生きて帰れない所へ行く事だ。左様の時は『付き添い物見』を乞う。そのお添えの物見は、まぶして付けて置くだけ。本人は行くべき所に行き、死に及ぶ時、兼ねて合図のあれこれをお添えの物見に知らせてやるとよい。第一、物見の役は武功達者の者でなければできない。何とか知略で帰る事が出来たら、それは武功の一番だ」。敵への

挿画著者

潜入には難所がある。なんと生還率一割未満の偵察任務もあって、それを忍者は「難処物見」と呼んでいたらしい。変装・欺瞞《ぎまん》など忍びの知略を尽くしてこの難処物見から生還できれば忍者中の武功第一の評判がとれたという。

しかし、なぜ忍者の失敗想定がこんなにあるのか。この書が江戸前期にまとめられた忍術書なら、思い当たるふしがある。甲賀忍者は一六三七年、島原《しまばら》の乱に参戦した。出世を望み大勢が志願したが島原行きを許されたのは十人のみであった。有名な話だが、島原の原城にはキリシタンの天草四郎《あまくさしろう》らが籠っていた。そこで城を攻める松平信綱《のぶつな》は敵城の偵察を命じた。忍者は承諾し、五人が「秘かに敵城の塀下に忍び寄」ったが、城側は「松明《たいまつ》を投げ油断なく用心」していた。そのため、忍者は「塀際の味方の討ち死にした骸《むくろ》に紛れ、夜が更け」るのを待ち「二の丸出城まで沼の深浅」などを偵察した。潜入の証拠に「出城の角にしるしの樫の杭を打」って帰ったという（「山中文書」二七九号）。しかし、城中への潜入では大失態をおかした。城中の人は、みな西国語（九州弁）で、忍者は聞き取れず、キリシタンの習いにも無知であった。城中に潜入した時、ばれて追われ、塀端の敵の旗を奪い取って城外に出たが、城方は忍者に石をぶつけて強くこれを打ちのめしたという（『島原天草日記』）。

今回見つかった忍術書は、どうもこの島原の乱での忍者の失敗経験が成立背景にあるのかもしれない。そういうことも考えてみた。

赤穂浪士の「吉良の首切断式」

赤穂浪士の討ち入りは十二月十四日だ。この日は、浪士達の墓がある泉岳寺《せんがくじ》(東京都港区)で赤穂義士祭がある。先頃、私は赤穂浪士の古文書を秘蔵してきたお宅を訪問し、「新説!所JAPAN」という番組でテレビ初公開として紹介した。この古文書から、赤穂事件の新しい実像がみえてきたので書いておく。

赤穂浪士は意外にも、滋賀県とゆかりが深い。浪士の筆頭・大石内蔵助《くらのすけ》の家からして滋賀の土豪であった。琵琶湖の水は南端の大津から瀬田《せた》川となってこぼれ落ち、七キロほど流れた所で西に曲がる。ここが大石庄で、戦国時代に大石家が拠《よ》った地である。浪士の一人、近松勘六《ちかまつかんろく》の家も元は滋賀。野洲《やす》市比留田《ひるた》の出であった。

新史料が見つかったのは、この比留田の近松姓の家であった。約二〇年前、浪士研究の中央義士会理事長・中島康夫《やすお》氏は、野洲市内で近松姓の旧家をあたり、勘六の家来にあたる家を発見したという。そして、氏の努力は報われた。なんと、その家には内蔵助の、防水防寒着「紙子羽織」が遺《のこ》されていた。書付《かきつけ》も付属。「大石内蔵助様より御直《じか》に下し給《たま》」わる物とあった。大石の羽織には、表ではなく裏地に大石家の家紋がついていた。大石は吉良邸討ち入りの為《ため》、江戸に東下りする際、垣見五郎兵衛《かきみごろべえ》と変名した。大石は周到である。家紋がついた羽織を着て東海道を下れば人に知れる。だから裏地に紋をつけていた。

大石がこの旧家の先祖に羽織を与えたのには理由があった。浪士中でも近松は筆記能力が高かった。討ち入り直後、近松の傷は重かったが、書き役の如く記録を残した。浪士の戦功を名簿に記し、吉良の首を泉岳寺に持参した際の行動を詳しく書き留めていた。大石や近松は、この記録一式をもって近松の家来を西に下らせた。その時の餞別《せんべつ》の品が大石の羽織であった。

比留田近松家の古文書には、浪士達が吉良の首を泉岳寺に運んだ後の行動が書かれていた。当時、泉岳寺でこの様を目撃した若い僧が回想『白明話録《はくめいわろく》』を残しているが、浪士達が素早く主君の墓前に行ってしまい、一部始終を近くでは見られなかったようで詳細は謎であった。

比留田近松家文書によれば、浪士達四七人は墓前でめいめい名乗り、こう「奉告」した。「尊君（浅野長矩）は切腹。（吉良）上野介殿は存生。公儀の裁きの上で、こんなのは尊君の御心ではない。恐れ入るが、我らは尊君の仰《おおせ》を蒙《こうむ》り尊君の禄《ろく》（米）を食べてきた。不倶戴天《ふぐたいてん》の（仇《あだ》とは）同じ地を踏まないとの（『礼記《らいき》』の）言葉を黙止しがたい。空《むな》しく果てれば（尊君に）あの世で何といえよう」。

浪士達は墓前でそういうと、「懐中より小脇差を取り出し、鞘《さや》を抜いて（墓の）石塔の上段に、柄を石塔の方へ向けて置いた」。それから、「まず名乗ってから焼香。小脇差を取り、上野介の首に三度当て、脇差を元の所へ置いて退」く儀式を一人ひとりがはじめた。

浪士達は、墓石を生きている主君に見立て、吉良の首を取らせる介助のしぐさを繰り返した。その時、内蔵助が放った言葉をここで初めて完全解読しよう。「上野介殿宅へ推参。上野介殿のお供をしてここまできた。この合口《あいくち》（小脇差）は尊君の過日の御秘蔵で我らに下さったもの。只今、進上します。墓下に尊霊があれば、御手を下され鬱憫《うつまん》を遂げてください」。つまり吉良邸討ち入りはまだ手段の段階で、大石たちの最終目的は墓石を主君に見立て吉良の首に手を下させる「首切断式」の挙行にあった。今後書かれる忠臣蔵はラストシーンが変わってくるに違いない。

内匠頭の年賀状発見

日本人は忠臣蔵が本当に好きである。私心を捨て仲間が結束して目的を果たす姿が、きっとたまらないのだろう。吉良邸討ち入りの日は十二月十四日だ。私は慶応の学生時代、高輪の泉岳寺近くの寺に下宿していた。毎年の義士祭のにぎわいもすごいが、一年中、浅野内匠頭と赤穂義士の墓には線香の煙が絶えないのにも驚いた。

一方、私の住んだ高輪の寺は名所旧跡ではない。抹香の香りに包まれるのはお彼岸とお盆だけ。ただし、そのお盆の時は、風向きが悪いと、私の部屋に線香の煙が充満し、まるで雲のなかにいるようだった。そのうえ、この寺は飼い猫からノミがわいた。共同電話の受話器をもって十分ほど話していると、足元の絨毯《じゅうたん》がノミの団地になっていたらしい、知らぬまに、私の足にノミが飛びつき、じりじり股のほうによじ登ってきて、気が付いたら、パンツのなかにノミが数十匹びっしり入り込んでいたりした。色は焦げ茶。大きさは一、二ミリ。ノミの顔は面長で馬面だと思った。

話がそれた。赤穂義士の話にもどる。実は、浅野長矩（内匠頭）の年賀状を発見したことがある。昔から赤穂義士は大人気だ。そんなものが研究者に知られぬまま眠っているとは思ってもみなかった。しかも、見つかったのは意外な場所だった。

その日は地方の銀行から講演を頼まれ、広島に行っていた。山田方谷《ほうこく》という江戸時代に財政を立て直した学者について話してほしい。銀行にそういわれて広島にいた。まずまず講演はうまくいって、気分がよくなった。広島名物のお好み焼きでも食べようと歩いて町に出た。背広のポケットにはもらったばかりの講演料の封筒がねじ込まれている。中身は確かめなかったが、銀行はお金をいじる商売だ。ちゃんと入っていそうだった。

原爆ドームを横目にみて川を渡り、お好み焼き屋を探して歩いていたその時である。橋の向こうに、一軒の骨董店がみえた。珍しい史料でもないかと思って入ってみた。ところが、店頭には茶道具が多く、紙に書かれたものは茶道用の掛け軸ばかりだった。帰ろうとすると、店番の奥さんが「ちょっとお待ちを」という。腰かけて待っていると、何やら奥から横長の額を出してきた。「これなどいかがでしょう」。驚いた。そこにあったのは、浅野内匠頭長矩が出した年賀状だった。

年始之為嘉儀、家来方迄芳札欣悦之至候。為謝礼、如是候。恐々謹言

　　浅内匠頭

正月十五日　長矩（花押）

山田蔵人殿

徳永次郎兵衛殿

山田五郎右衛門殿

　御宿所

「浅内匠頭」は浅野内匠頭のことである。片名字といって名字を省略する。江戸期とくに前期の大名は相手に少し威張りたい時、こんな書き方をした。宛名は広島藩の重臣たちだ。赤穂藩浅野家は広島藩浅野家の分家である。だから、長矩は本家の広島藩の重臣に賀状を出した。年始に家来まで書状をくれてうれしい、その謝礼です、とある。果して、これが本物かどうか精査したくなった。買って帰らねばなるまい。値段をきいて講

演料入りの封筒の封を切る。お金が入っていて足りた。赤穂市に問い合わせ、この書状を調べてみると、東大史料編纂所の大石家史料にある長矩書状と筆跡が一致した。本物であった。赤穂市には「いつでも展示にお使いください」と伝えておいた。

漫画で考える災害史、女性史

二〇二一年二月、漫画を出版した。『マンガでわかる災害の日本史』（池田書店）だ。私は絵こそ描いていないが、ストーリーは考えた。この漫画の主人公は小学生のミチくんとマリちゃん。それに理科の頼母《たのも》先生の三人である。この三人が修学旅行中、西郷隆盛像の前で、地震の大揺れに遭い気を失ってタイムスリップしてしまう。気が付くと、眼前に犬がいる。しかも、犬が、しゃべった。「ワシは大西郷先生から郷中教育を仕込まれた薩摩犬ツン！」。犬はそういい、歴史上の災害現場に三人を案内する。この犬は薩摩武士の教育法「詮議」の作法で、ミチくんとマリちゃんのサバイバル力を鍛えはじめる。犬は歴史災害の現場をみせ「この場合、君ならどうするか」と質問する。三人が「正しく答えられれば、もとに戻れる」という。それで三人は犬と一緒に、歴史上の地震・津波・噴火・台風・水害・土砂災害をみて歩き、教訓を身に付け、無事に現代に戻ってくる。ざっと、こんな話だ。

東日本大震災から一〇年たった。私はこれまで『天災から日本史を読みなおす』（中公新書）などで防災を訴えてきた。ただ、本が苦手な子もいる。漫画なら読んでくれるかもしれない。そういう思いで歴史漫画に初挑戦した。作画は備前《びぜん》やすのりさんで実に的確だ。防災監修は関西大学社会安全研究センター長の河田恵昭《かわたよしあき》特別任命教授にお願いした。その時分、新型コロナウイルスの感染拡大が深刻で、感染症の大流行も災害の一つだから「感染症の歴史」にも一章をさいて漫画化した。一五〇〇円（税別）と決して安くないのが申し訳ないが、優秀な編集者・ライターの協力もあり、値段に見合った内容の濃い本には仕上がった。ほっとしている。

漫画といえば、よしながふみさんの長編『大奥』（白泉社）が、同じ頃一九巻で完結した。その特装本で対談したが、この作品は実に面白い。フィクションなので男女の立場が逆転した江戸時代を描いている。つまり、しばしば将軍が女で大奥に美男子が集められている架空の世界を描く。令和の日本を語るうえで、この視点は面白いと思った。

いまだに日本社会は「高齢の男性」が会長・社長・校長・政治家など物事を決める地

位で圧倒的比率を占めている。社会の構成員の声をまんべんなく反映させるにはリーダーや会議メンバーに「女性・若者」が含まれていて、その発言が尊重されていなければおかしい。でなければ、その集団は衰退する。当たり前だ。現代は新しい技術が次々に現れ変化が急速である。若い人の頭脳と意見が必要だ。七〇年以上前は、伝統的な農業社会で戦争も頻繁。マッチョなタテ型社会になりやすく高齢男性の経験とやらが無条件に尊重されたが今は違う。サービス業が七割以上。海外との交流も激しい。若者・女性・マイノリティなどがもつ多様な考えや情報は社会発展のヒントで宝だ。これを生かせない国や組織は衰え滅ぶ。

日本列島の人々は「永く居る人」に高い地位を与えやすい習性をもつ。「当選回数主義」で有力政治家は高齢と世襲ばかりなのはそのせいである。明治維新はその逆をやった。門閥世襲を破壊した。西洋化近代化の新知識を重んじて身分の上下よりも知識の有無で、人を登用した。そのエネルギーはすさまじいものだった。それから一五〇年、我々の社会は再び化石化しつつある。そう思って調べ始めた。よしながさんの漫画『大奥』のように女が強い大名家は本当に存在しなかったのか。すると、それらしき藩が一つだけ見つかった。次項では、その不思議な藩の話をしたい。

女性の力で出来た藩

日本の男女格差指数が過去最低に落ちた。世界一五三か国中一二一位（二〇一九年）だ。きっと江戸時代のマッチョで長い軍事政権の影響もある。男だけが刀を差し、土地や家を支配した。女が刀を差し、大名家の主として家を差配する事など漫画の世界にはあっても現実にはない。そう思っていた。だが最近そうとも言い切れぬ史料に気付いた。一七五一年、江戸は赤坂に住む古田忠義《ただよし》なる者が著した『女武勇集《おんなぶゆうしゅう》』だ。『婦女勇義伝』など多様な表題の写本で流布している。内容に誤りも多く全ては信じられぬが、この中に「世上に女大名と云《い》ふ取沙汰《さた》ある事」との不思議な一節がある。日本の女性の歴史上、面白い内容なのでそのまま紹介しておきたい。

事の始まりは五代将軍・徳川綱吉《つなよし》だ。綱吉はマザコンともいわれる。生母の秘蔵っ子の侍女・お伝《でん》を側女《そばめ》にして二子をなした。将軍就任前のことだ。さらに、お伝の妹おまちも「容色美麗」で「綱吉公御目に留まり」「折々御手を候」と、綱吉は妹にもお手を付けたと記す写本もある。そのせいか、将軍になると綱吉はこの姉妹の家族をまるごと厚遇した。父は黒鍬《くろくわ》（工兵）から急激に出世。名も大名風に堀田将監《しょうげん》と改めた（『柳営《りゅうえい》婦女伝系《ふじょでんけい》』）。

その後、妹おまちは他所へ嫁ぎ竹之助《たけのすけ》という子をもうけていたが、綱吉はなぜか、おまちに幕府の巨大な御用屋敷をあてがった。そればかりか、お伝は甥《おい》にあたる竹之助を「大名に」と綱吉に願ったという（『過眼録《かがんろく》』）。

綱吉の権力は絶大である。その願いはすぐに実現した。ちょうど、郡上《ぐじょう》（岐阜県）藩主・遠藤岩松《いわまつ》が七歳で死去し、相続人がいなくて、藩士たちが困っていた。本来なら跡継ぎなしで藩は取り潰しだ。だが綱吉政権はわずか十歳の竹之助を大名の養子にして遠藤家を継がせると決め、一万石を与えた。これが三上《みかみ》藩（滋賀県野洲市）となる。この藩は明らかに綱吉に寵愛された女性の力で出来た藩だ。当然、幼い藩主の生母・おまちの力は藩内で強い。なんでも出来た可能性がある。ファンタジーかもしれないが『婦女勇義伝』は、おまちが女大名さながらに暮らす様子を記す。

おまちは学問が好きで幕府の学者・林大学頭《だいがくのかみ》を呼び講義をうけたという。また剣術も稽古した。「腰のものをさし、召しつかひの女にも大小（刀）ささせ」た。外出時、おまちは尋常の女性の衣装に「大脇差をりりしく差し」、「御刀は側に持たせ……女中を結い下げ（髪のまま）に麻裃《あさがみしも》にて左右に召し連れ」たという。おまちは「家中の侍の妻子をはじめ残らず独礼を請け」、藩士の主従関係を確認する拝謁も行い「男の格式にすこしも違わ」ぬ振舞いで、男女の差を埋めたとされている。なんと、正月の鏡開きでは鎧《よろい》の着初めをやり、女中と具足を着たとの記述もある。

しかし、お付の武士たちはこれを疑問視した。女の身でかくも武芸第一は「あまりの様……上（将軍）の思し召しもいかが」と、武芸をやめるよう諫《いさ》めたが、おまちは堂々と反論した。「我は忠孝のもの。男子にかわり此家を治め」、子を「養育し、上（将軍）の御用にも立たせた」い存念だと言い返したのである。

綱吉はこれを聞き「甚だお笑いあって女なれども学問に心をよせ……古書など数多く読みたり。甲斐甲斐《かいがい》しき女……と誉《ほ》」めたという。綱吉時代は強い生母がいて大奥も自由がきいたのか、柳沢吉保《よしやす》の妻も学問好きで、家臣の学者・荻生徂徠《おぎゅうそらい》から講義を受け、異例だが、男のように江戸城大奥に登城したこともある。綱吉の生母・正室・お伝に拝謁し饗応《きょうおう》をうけたのである（『徳川実紀』）。ところが、荻生徂徠は女性への講義を嫌い、こう侮蔑《ぶべつ》の言葉を放ったという。「益なきことだ。女中は、ただ蛤が口を開けたようにしていればよい」（『譞園《けんえん》雑話』）。負の歴史遺産は我々の世代で清算したい。

「丹後ちりめん」の誕生

京都には古本屋さんが多い。人口一五〇万たらずの街に一〇〇店ぐらいある。全国の古書組合加入店は約二〇〇〇店だから、京都には全国平均の四倍ちかい密度で古書店がある。時々、即売会もあって立派だ。五月の連休に京都市勧業館で催される「春の即売会」には、なんと五〇万冊以上の古本が並ぶ。古文書も出る。古書市場に古文書が流れ出るのは好ましくないが、出てきてしまったものは、見ておかねば、ならない。

巡回をはじめると、ガラスケースのなかに「京都府北部山村文書」と書かれた古文書の一束を見つけた。早速、解読をはじめる。多くの村の古文書が雑多に混じっている。しかし、その一通に「獅子崎《しいざき》村」とあった。私はそれに着目した。「ほう。これは天橋《あまのはし》立《だて》の近くか。雪舟《せっしゅう》の村か」。心の中で、そうつぶやいた。室町時代の水墨画の巨匠・雪舟に「天橋立図」（国宝）という作品がある。雪舟の代表作だ。雪舟は丹後国「獅子崎村の稲荷神社の裏山の上空、数百メートルの視点」から、天橋立図を描いたとされている（林進《はやしすすむ》『日本近世絵画の図像学』八木書店）。つまり雪舟写生の地である獅子崎村の古文書であった。

内容も面白い。戦国時代の終わりから天明《てんめい》二（一七八二）年まで獅子崎村の来歴が克明に描かれている。この村が獅子崎というのは「天の橋立に文殊菩薩《ぼさつ》が出現する」との信仰に関係している。実は、文殊菩薩はタクシーでなくて、獅子に乗ってやってくる。「文殊出現の時、獅子を休る地なり」。貝原益軒《かいばらえきけん》も、この村のことを書いている。健康書『養生訓《ようじょうくん》』を書いた江戸期の学者だ。獅子崎は文殊菩薩の駐車場という由緒ある村である。

しかも、この地方は丹後ちりめんの産地で、今でも丹後地方は国内の和服地の三分の二ぐらいを生産している。京都は和服の町でもあり、市内のタクシーには着物で乗ると、料金を一割引きにしてくれる会社もある。京都市長の門川大作《かどかわだいさく》さんも和服姿以外をみたことがない。京都の着物は丹後のちりめん織りが支えているが、この文書には獅子崎村に、いつ、ちりめんの機織りが導入されたかまで記されていた。

関ヶ原合戦の三年後、一六〇三年に、この村は人口がいったん、ゼロになったらしい。村の「田んぼは、一体、土地が悪く、百姓は（経営を）続けがたいので、村中一統、立《たち》退《の》き」とある。戦国までの日本社会は村人が必ずしも定住せず流動的であった。農民は気に入らない土地や領主を見捨てて移住した。それが中世社会であった。それで、獅子崎は「二十一年間、田地が荒れ地になっていたが、（一六二三年に領主が）京極丹後守様のとき、近国に聞き合わせ、田辺領（舞鶴《まいづる》市）の下漆原《しもうるしばら》村百姓兄弟三人、長左衛門・久右衛門・佐右衛門」を連れてきて入植させ「再開発」させたという。

公募で村民を集めて村を再起動したというのも面白い。それで「当村百姓は兄弟三人の子孫」であり、この古文書が記された一七八二年には「十軒ばかりの村」になっていた（今は一五〇世帯）。しかし、高七〇石五斗に年貢がかかる村の割には、土地が悪く「作毛（収穫）」が上がらない。経営継続が難しいので「五十ヶ年以前より縮緬《ちりめん》機を農業余力に企て、この利潤で渡世を送」ってきた、とあった。

私はニンマリした。丹後ちりめんの開始時期が一七二〇年代前半であることを直接的に示す農村側の一次史料である。貴重である。「丹後ちりめん歴史館」に寄託を申し出るつもりで、お金は惜しいが、一万円で買って帰った。実際、寄贈して、丹後から、わざわざ感謝の手紙がきた。うれしかった。

いま、日本中で古文書が捨てられ始めている。少子高齢化で独居老人が増え、さらに、家意識が希薄になってきたから、家に伝わる古文書が、家が絶えて処分されたり、ネットオークションでバラ売りされたりしている。バラ売りされると、情報価値が著しく下がってしまう。持ち主は意外に古文書の価値に気付いておらず、そもそも何が書いてあるのかさえ、わかっていない場合も多い。

「古文書がある。どうしたらよいか」と相談されるケースが増えたが、私も個別には対応しにくい。図書館や文書館・資料館・博物館のなかには、古文書解読講座をひらいている所もあるから、そういう講座に相談して内容をたずねてみる手もあるだろう。自分で古文書を読んでみたい方には、くずし字解読の辞書類をおすすめしたい。日本の家々に伝わった古文書は地域の貴重な情報であり、災害や伝染病など我々の未来の安全に役立つものも含まれている。ご自宅や地元の資料館などで保存されるのが理想的である。

江戸時代の猫寿命

猫を現代風に家族同然の姿で飼うのは、江戸時代にすでにみられる。「明和《めいわ》の始《はじめ》にや」というから明和六（一七六九）年の稲葉風《いなばかぜ》（インフルエンザ）流行の時分かもしれないが、はっきりしない。屋代弘賢《やしろひろかた》という幕府御家人らがまとめた「弘賢随筆」（国立公文書館所蔵）に、こんな猫の話がある。

戸田三左衛門（政珍《まさよし》）という旗本（高四百石）がいた。役目は屋敷改《やしきあらため》。幕臣の住宅管理であった。その奥方は「猫を愛すること尋常ならず」という猫好きであった。毎日、猫の食物をお膳で給仕して与え、「都《すべ》て行儀、人間に等し」と、人間同様に接していた。もう江戸時代には、このようなペットの扱いが一部では出現していた。

この奥方だが『寛政重修諸家譜《かんせいちょうしゅうしょかふ》』という大名旗本の系譜集には彦坂源兵衛《ひこさかげんべえ》元晴《もとはる》の娘

とある。夫の戸田三左衛門を明和二（一七六五）年に享年六十で見送っているので、夫の年齢に近かったとすれば、中高年のご婦人である。また夫の没後、戸田家は夫の弟が継いでいる。この奥方には男子がなかったか早世していたのだろう。とにかく、猫に愛情をそそぐ毎日だったとみられる。

この猫は眉間に黒く「八」の字のようなブチがあり、名を八といった。奥方に懐いて座右を離れず、みだりに庭にも下りない猫であったという。

ところが、ある時、奥方が病に伏した。飲食をうけつけず、十日あまりも正気を失い、親族の見わけもつかない。医療の手も尽き最期を待つのみ。看病人も、奥方はもう死ぬと思ったその時である。奥方が急に口を開き、「湯漬け（お粥《かゆ》）を食べたい」といい、お椀《わん》に中ぐらい入れた湯漬けを二杯も食べたから、家中の人々が驚いた。とても現実ごとに思えず、病床の奥方の顔色をうかがうと、奥方は正気が戻ったようで、こういった。

「八は居なくなったのね（八は失《う》せしならん）」

家人は不思議に思って、とにかく、猫の八の行方を探したが見つからない。すると奥方はいった。

「そうでしょうね。私の命に代わるといって失せたのです。このあたりの床の下を探して」。

言われた通り、家人が縁の下に潜って探してみると、八が見つかった。「奥方の臥《ふ》しける床の下に、同じ枕に死骸あり」。ちょうど奥方の病床の真下、奥方と同じ枕の向きに、八は横たわり冷たくなっていた。

戸田家では、八の死骸を棺《ひつぎ》に納めて同家の墓所に送り、手厚く葬事を営んだ。奥方は日増しに食欲が出て快気した。家人が不思議に思うあまり「いかなること（で生還できたのか）」と問うと、奥方はいった。

「夢現《ゆめうつつ》ともなく、八がきて枕元に立っていったのです。畜生とはいえ（奥方様から）年《とし》月恩沢《つきおんたく》を蒙《こうむ》って身に余る。今、お命が朝夕に迫っています。恩に報いるため、我が命を奉ってお命に代えましょう。まずは、これを召し上がりください。そういって、八は手にもった紐《ひも》のような長い物をくれました。干瓢《かんぴょう》の根のような三尺（九〇センチ）の物を嚼《か》んでお腹《なか》の中が潤い、夢が覚めたのです」。それから「奥方は其後十八年斗《ばかり》を経て病没せし」とある。

「弘賢随筆」は、この話をその（戸田家）子息から幼い時分に直《じか》に聞いたと記す。猫の戒名なども記しておいたが反故《ほご》に紛れ多忙で見つからないとも。奥方が猫から譲られた寿命は十八年。江戸時代、大事に飼われた猫は二十歳前後まで生きるとの認識が既にあったのかもしれない。

猫に「ミカンの皮」は毒

猫はミカンの皮が苦手だそうである。なんでも、ミカンの皮には、リモネンなど、猫の肝臓では分解しにくい物質が含まれていて中毒を起こしやすいらしい。柑橘《かんきつ》類の皮は漢方では陳皮《ちんぴ》といって古くから薬として利用された。戦国時代、木下藤吉郎（豊臣秀吉）は織田信長の城中で捨てられる柑橘の皮をひたすら集め、薬種商で換金して衣服を買った。そんな伝説があるほどである。

私は国際日本文化研究センター（京都）に勤めている。二〇二一年度は大阪大学総合学術博物館の薬学博士・伊藤謙《けん》先生と「本草学《ほんぞうがく》」の共同研究会を主宰した。本草学は分野が広い。西洋の分類でいえば、薬学・鉱物学・植物学・動物学・博物学・工芸から建築まで、理系から文系まで、あらゆる分野にわたっている。今日の学問は文系埋系の協同や学際性・国際性が必要とされている。伊藤先生のご尽力で文系・理系・海外の第一線の研究者が集まり、面白い共同研究会になりそうである。

この共同研究会の目玉の一つが柑橘類の古い標本の分析である。中国大陸から日本列島にかけての柑橘類の歴史を、理系が古い標本から、文系が古典籍等から探ろうとしている。ところが私は、これまで柑橘類の史料を研究したことがない。どこから研究に手をつけようかと悩んだが、ふと思った。

「猫はミカンの皮中毒になる。江戸人はこの猫とミカンの関係を知っていたのか?」

すぐ調べはじめた。江戸時代の猫についての書物を片っ端からみていった。

——松風軒「猫録草稿」

という幕末の安政《あんせい》五(一八五八)年の本が見つかった。東北大学附属図書館の狩野《かのう》文庫所蔵。これは筋がいい、と思った。夏目漱石がその博学を尊敬した狩野亨吉《こうきち》の旧蔵書である。狩野は、いの一番に裕仁《ひろひと》親王(昭和天皇)の教師役に推されたが辞退して、蔵書の山から出てこなかった奇才である。狩野文庫は近代以前の日本人の「知」を拾い集めた宝庫といってよい。西洋化をひた走る日本で狩野が江戸以前の日本人の思想知識を蔵書で集成してくれていたのに感謝したい。

「猫録草稿」には、中国（明）の『本草綱目《ほんぞうこうもく》』や日本の怪談集『新著聞集《しんちょもんじゅう》』の猫関係の記事が書き抜かれていたが、一か所「小猫鳴て、やかましきを留《とめ》る」という項目があるのが目に入った。「陳皮を粉にして猫にぬるべし。鳴やむる妙也」。子猫が鳴いてやかましいのを止めるには、ミカンの皮の粉（陳皮）を猫に塗れば泣き止《や》む。不思議だ。というのである。とんでもない話で、これは猫に害がある。子猫に絶対やってはいけない処方である。ただ、この著者に「ミカンの皮が猫を弱らせる」との知識があったのは確実である。

この本には「猫病んで食せざる療治」（原漢文）という項目もあり、猫の食欲不振には「陳皮を粉にして飯の湯にいれて用いれば痰《たん》を吐て直《す》ぐに癒える」（現代語訳）とある。これまた猫に有害なひどい処方である。猫にミカンの皮を粉にして飲ませると、腹中のものを吐かせることができる。その知識が幕末にあったとわかる。

この猫とミカンをつなげる知識は経験からか書物からか。幕末人の一般的知識なのか。一部の好事家の知識なのか。問いは尽きない。当時、狆《ちん》は高級愛玩犬《あいがんけん》で朝鮮人蔘《にんじん》まで使って治療され大切に飼われていた（拙著『歴史の愉しみ方』）。

一方、ここにある猫の治療はむしろ有害で随分見劣りがする。くれぐれも猫にはミカンの皮をやらないでいただきたい。

科学史といえば、現代の科学につながる西洋のサイエンスの思想や手法や歩みが研究されやすい。しかし、古い時代は呪術も科学も信仰も近い距離で存在していた。噴飯物《ふんぱんもの》の「なんちゃって科学」もいっぱいあった。そういう雑多なものも含めて、狩野は人類の知識、とくに日本人の「知」を集めている。便利で優れているだけでなく、面白い、意外だ、という視点をも大切にした科学史研究もこれからは必要である。

カブトムシの日本史

カブトムシは子どもに大人気である。とはいえ、今のような日本人のカブトムシ好きはおそらく江戸期からである。トンボ・蝶《ちょう》・蛾《が》は古代の『日本書紀』にも登場する。しかし、カブトムシの登場は遅い。最近は親切に古辞書がネット上に公開されていて、それを見ていくと、一六八〇年刊行『合類節用集《ごうるいせつようしゅう》』に「吉丁虫」とあり「カブトムシ」とフリガナがふられていて、これがカブトムシの古い例とされる。

吉丁虫は現在ではタマムシをさす。一七世紀以前、東アジアでは、カブトムシとタマムシは区別が明確でなかったのかもしれない。ところが、日本では、一七〇八年の貝原益軒『大和本草《やまとほんぞう》』あたりから、それが変わる。貝原は中国・唐末の『北戸録《ほくころく》』にタマムシが「甲蟲」と書かれていると紹介するが、「金龜子（タマムシ）」の項目と「カブト虫」の項目を別に立てている。

貝原は「カブト虫」を図入りで紹介し、こう解説した。「蛾（コガネムシのこと）に似ているが大きい。長さ角ともに約二寸五分（七・五センチ）。横八分（二・四センチ）」である。貝原はカブトムシの大きさと形状を詳細に論じ、ツノの図も載せた。足が六本で羽があり、「口の両脇にヒゲのような物」があると触角の存在も、ちゃんと認識している。「角が上下に動く。首と身に境目がある」とも記しており、素晴らしい観察力である。貝原はカブトムシが好きだったと書きたいが、違う。貝原は最後にこう記す。「その形、悪《にく》むべし」。

この時代の本草学者はカブトムシを憎んだ。考えられるのは、中国から伝わったであろうカブトムシ有毒説である。『飼鳥必用《かいとりひつよう》』という書物がある。中国から琉球経由で入ってきた鳥飼育の技術書である。これに「甲虫は別して毒なり」とある。有毒説のせいだろうか。江戸後期の虫売りは「蛍《ほたる》を第一とし、コオロギ・松虫・鈴虫・クツワムシ・玉虫・ヒグラシ」までは売ったが、カブトムシは売っていない（『守貞漫稿《もりさだまんこう》』）。

しかし、一八一一年の昆虫図鑑には、子どもがカブトムシをもてあそぶさまが記される。栗本丹洲《くりもとたんしゅう》の『千蟲譜《せんちゅうふ》』である。カブトムシは中国で「独角僊（仙）」という。『千蟲譜』も、この名称を紹介したうえで、サイカチムシなどの別名を記している。そのうえで「この虫は甜瓜（マクワウリ）の香気を好む。近い所に置くと、下に角を入れて転がし動かす。それで瓜コロバシという。小児は小さい車をこの虫に牽《ひ》かせる。牛が車を牽くようだ」とある。栗本はカブトムシのオス・メスの違いを精確《せいかく》にみている。メスは角がない。形が小さく、毛があって光沢がない、と、ちゃんと観察できている。「後《おく》れて出るものには形が至って小さいのがある」と、体格差が大きい点にも気づいている。ただ「好んでサイカチの木に生じる」と記し、クヌギを好むとは書かれておらず、カブトムシの食樹については適正な記述ではない。

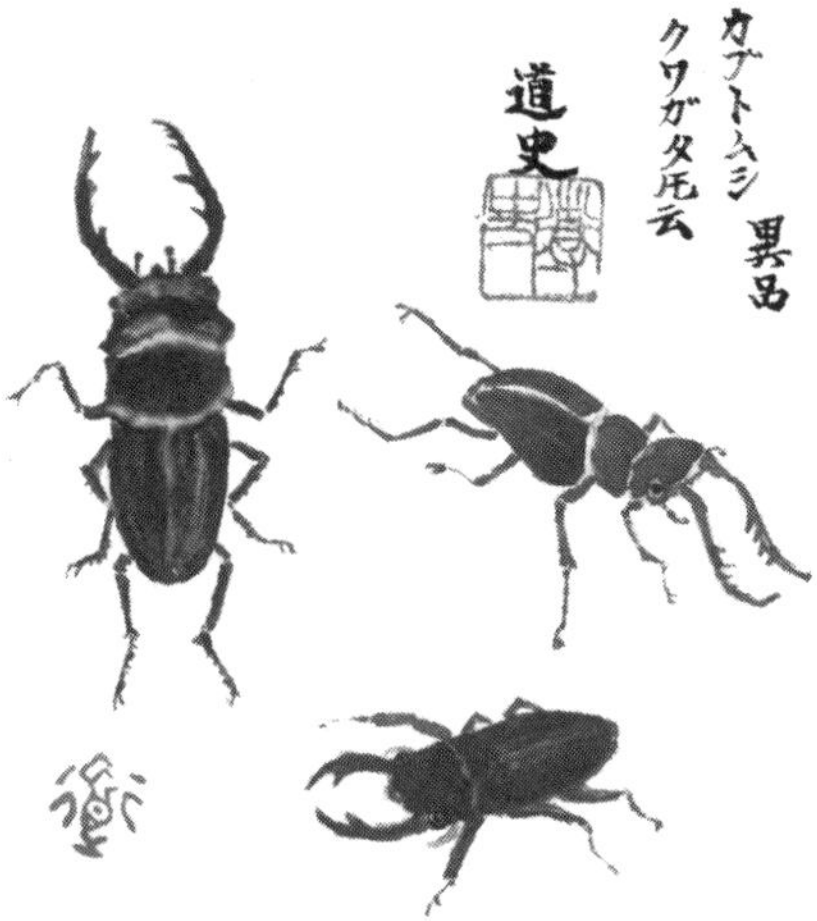

挿画著者

　クワガタムシについても書いておく。貝原の『大和本草』にはクワガタムシが出てこない。ところが、栗本の『千蟲譜』になると、カブトムシの「異品」として「クワガタとも言う」として、クワガタムシが登場する。ちゃんと「雄は口の両方に鉗《くびかせ》があり。クワガタに似ている」とも記述し、コクワガタ・ノコギリクワガタ・ミヤマクワガタとおぼしき、三種類のクワガタのオスの図を載せている。ミヤマクワガタの体が少し黄色っぽくなっているのを、しっかりスケッチしているのが、にくい。

結論をいえば、約二百〜三百年前から、日本人は我々同様にカブトムシやクワガタムシを精確に認識しはじめたようである。熊本藩の細川重賢《しげかた》や長島藩（三重県）の増山雪斎《ましやませっさい》など盛んに昆虫の絵を描く殿様が相次いだのも、この時期である。

浦上玉堂と松平定信の接点

京都の古書画商・山添天香堂《やまぞえてんこうどう》へ行ったら「先生に見て頂きたいものが」と、小さな桐箱を開けてくれた。中には江戸期の書状が一二通あった。驚いた。浦上玉堂《うらかみぎょくどう》の書状がある。玉堂は岡山の鴨方《かもがた》藩士。琴を弾く文人画家。代表作は川端康成《やすなり》愛蔵の「凍雲篩雪《とううんしせつ》図《ず》」で国宝になっている。考えてみれば、川端が凍雲篩雪を見つけたのは、山添の斜め向かいの店である。この界隈《かいわい》に玉堂書状があっても不思議ではない。

早速、解読してみる。「閏《うるう》秋九日のお手紙いただきました」と、はじまる八月四日付の返信だ。閏秋とは閏月のある秋のことだ。寛政《かんせい》九（一七九七）年に閏七月があるから、この年の書状だろう。宛名はないが、福島の白河《しらかわ》藩の人物に宛てたものらしい。「春までにも白河表は参りたい。日光へ秋は是非参りたい。帰路は白河へ参るようにしたい。

何卒《なにとぞ》、（時期を）見合わせ、会津への再歴を。五寸四方の紙を差し上げる。これに御染筆くだされたい……倅《せがれ》どもの画ですが、兄（長男春琴《しゅんきん》）の絵は今日ありあわせがない。弟（次男秋琴《しゅうきん》）の画を、一片を呈上します」。

ざっと、こんな内容である。なんの変哲もないようだが、この書状は玉堂研究上、重要だと思った。なぜか。玉堂は、白河藩主・松平定信《さだのぶ》が幕府老中として「寛政の改革」をやった直後に、鴨方藩を脱藩して諸国を放浪した。実は、玉堂と、私の家の二代目磯田定益《さだます》は藩の同僚で親しかった。玉堂も私の先祖も、池田政香《まさか》という秀才の藩主につい て藩内では改革派であった。定信と同様、学問・学校が好きで、ケチケチ倹約する立場であった。

ところが、この藩主・政香が若くして死んだ。弟が藩主になると、藩の雰囲気が変わった。私の先祖は失脚。面白くなくなったのであろう。玉堂も妻の死後、二人の倅を連れて脱藩した。岡山藩やその分家鴨方藩では脱藩しても追っ手はこない。「有事には殿様の為に働く」と置き手紙をすれば「翌日、大手門の前を歩いても咎《とが》めなし」というのが暗黙のルール。薩摩や佐賀と違い、ゆるい藩であった。

この書状は、その玉堂が、寛政期に実質的権力者であった定信に接近していたことを示す。しかし、この書状は宛名が切り取られているが、誰宛てか推測がつく。一緒に出て来た十一通の書状の宛名の多くが、定信側近の白河藩士・広瀬蒙斎《もうさい》と大塚桂《かつら》だからだ。玉堂書状はこの十一通と一緒に表装されていたものを切り離したものであった。だから、この書状は広瀬か大塚に宛てたものと考えられる。

可能性が高いのは、広瀬のほうであろう。広瀬は定信の命で西日本を遊歴した。京大坂の学者と交流。情報をあつめた。とりわけ大坂の世話焼き学者・木村蒹葭堂《けんかどう》宅に出入りしている。玉堂もこの木村宅で、よく遊んでいる。しかし、この書状が書かれた年に、広瀬は定信から「白河藩校を建て、その学頭になれ」と命令され、しぶしぶ白河に戻った。

広瀬という男は陰の存在だが日本史上重要な役割を果たした。広瀬は浦上家と家族ぐるみの付き合いの頼山陽《らいさんよう》と親しかった。山陽の『日本外史』が定信に献上されたのは、広瀬の存在が陰にあったのでは、といわれている（徳田武《たけし》「頼山陽と広瀬蒙斎」）。定信は学校で官僚を養成し能力主義の登用を行う政治をすすめた。以後、雨後の筍《たけのこ》のごとく全国に藩校が建った。門閥世襲から学校官僚制へ、この動きが定信の頃から本格化、全国化しはじめる。そうして日本は近代へ向かっていった。玉堂は、脱藩放浪して、実質的権力者の側近と何を話したのか。悔しいことに、それは書状のどこにも書かれていなかった。

江戸の「買春」価格は？

　都合の悪いことは文書に残らない。だが奇跡的に残ることもある。先日、こんなことがあった。京都の寺町通の古本屋で、店の人が奥から汚れた怪しい箱を出してきた。「和州・薬種問屋仲間議定取締帳箱」とある。大和高田（奈良県）の薬種商・喜右衛門《きえもん》という男が遺《のこ》した古文書がぎっしり詰まっていた。

　この男、関東を旅したらしい。道中記が出てきた。文化《ぶんか》八（一八一一）年「関東一見道中記」とある。江戸後期はすごい。庶民までが、しばしば旅日記を残した。世界的にみても前近代の庶民旅行記が、こんなに残る国は珍しい。それで道中記自体は珍しくないが多くは旅中の出費を記しただけの帳簿で面白い道中記は少ない。まれに旅中見聞の感想も記したのがあり、江戸庶民の意識がさぐれるから、私はそれを探しているのだが、今回、出て来たのはもっとすごいものだった。

江戸後期の庶民の旅費は一日あたり四〇〇文とされる。ちなみに当時の一文は米価換算なら現在の約一〇円だが、労賃換算では同五〇円になる。つまり旅費が一日二万円。江戸と京大坂は往復で約四〇日かかったから現在でいえば約八〇万円の旅費がかかった。

これでも庶民の倹約旅行の場合である。豪商は一日約七〇〇〇文で旅をしていた。庶民との違いは宿泊費である。従来の研究によれば「酒宴や女郎遊びに興じるなどの楽しみをより多く享受していたために、こうした金額の相違が生じたものと推測」されている（谷釜尋徳《たにがまひろのり》「近世後期における江戸庶民の旅の費用」）。江戸のお金持ちは旅中に女性との遊興にお金を使ったため旅費が跳ね上がっていたのでは、とされてきたが、「女郎買い」の出費を詳述した道中記がなかったため、推測の域を出なかった。

ところが、今回見つかった喜右衛門の道中記は、驚くべきことに、道中の「女郎」に関する価格と出費を正直に、しかも詳しく、書き留めていた。私は、江戸後期の売買春の費用的実態がわかると思ったから、箱ごと全部、この史料を譲ってもらい分析をはじめた。

喜右衛門の道中記を読むと、東海道の宿場にいた旅人の相手をする女性の多さに驚く。

伊勢の茶屋では「むすめよし」と書き、伊勢国石薬師《いしやくし》は「女共多し」とする。ただ伊勢では「女郎は道中不揃《ふぞろ》い」と気に入らず買わなかったようで「ぞめき（ひやかし）ばかりにて残念也」と、スケベ親爺《おやじ》丸出しの記述を残している。池鯉鮒《ちりゅう》（愛知県知立市）は「女郎多し」。岡崎では二〇〇文の旅籠《はたご》に泊まった。「上の宿にて女郎多し」「女郎分六百文」とあるから、ここでは現在の三万円ほどで女性の性を買ったのだろう。家を出てから一〇日目であった。地方の旅籠の女郎の相場は六〇〇文であったらしい。この道中記では潮来《いたこ》・鹿島《かしま》（茨城県）が「女郎壱人六百文ずつ」とある。戸塚《とつか》も「女郎沢山《たくさん》也」とある。

道中記を書いたこの男、本当に女好きである。江戸に着くと早速「舟に乗り吉原《よしわら》に遊びに行」っている。まず茶屋・長寿屋で上方からきた珍しい「ゲイコ二人」をよび仲居の倅一人に小鼓を打たせた。そして揚屋・岡本屋へ行き、重《しげ》・息《おか》という二人の「時の全盛（の女郎を）買」ったという。「酒、大いに呑んだ」「部屋、甚だ見事なり」、「三つ布団」が敷いてあり「寝間入り口伝あり」とあるから床を共にしたのだろう。その費用は「全壱両」である。現在の三〇万円。無駄遣いをしたものである。まさか、この男も二〇〇年後に自分の遊びが新聞記事になって全国に報じられるとは思っていなかっただろう。けしからん話だが、そう思うと、くすりと笑えた。

江戸期のグルメ旅行

「名物に、うまい物なし」というが、本当か。ふと、そう思った。江戸期は各地に「名物」が出来た。特に一七五〇年頃から江戸庶民の物見遊山の旅行が盛んになる。庶民が食欲と性欲を満たす俗っぽい旅をはじめた。前項で一八一一年、大和高田（奈良県）の薬種商・喜右衛門の「関東一見道中記」を紹介した。旅中の性風俗「女郎買い」を正直に記した珍しい道中記で、京都の古本屋で見つけて購入したのだが、この道中記には各地で食べた物の感想もあった。

この史料を使うと、「名物」は、うまいのか、わかりそうである。約二か月間で東海道を江戸に下り、茨城県の鹿島まで行って中山道を上って帰っている。この道中記で勘定してみると、彼が旅先で、うまい物に一〇回、まずい物に三回出会っている。道中、何がうまくて、何がまずかったのだろうか。

最初に、彼がうまいと記したのは、奈良・三重県境の高見峠《たかみとうげ》の茶屋で食べたものであった。「熊野イワシを菜にして飯を喰《く》い、イワシぬたを肴《さかな》にして一盃《ぱい》。うまい、うまい」。イワシを酢味噌《すみそ》であえたものであろうか。それから三重県四日市《よっかいち》市の日永《ひなか》村で「奈良漬・香の物名物。一切れ一文（五〇円）で買い喰い。うまい、うまい」と書く。この辺は伊勢参りの旅人相手の店が街道にならび、食材も豊かであった。四日市の町を出たあたりの「富田村で焼き蛤《はまぐり》で一盃。うまい、うまい。但し一つ二文（一〇〇円）。三十ばかり喰い」とも記している。魚介類が食べられるのが、当時の旅の楽しみであったようだ。

ところが、口に合わない物もあった。愛知県に入り、津島《つしま》市の牛頭《ごず》天王社で「名物うどん。味悪い、悪い」とする。名古屋は大きな城下町で、うまい菓子があった。「名古屋の本町に海老屋という大きな菓子と餅の茶屋があり、この家で休んだ。菓子餅は三文（一五〇円）。甚《はなは》だ上品。味よし。十五ばかり食べた。珍しく流行《はや》り茶屋だ」。

東海道は美味な物が多い。「舞坂《まいさか》宿へ上り、蛤汁にて一盃やった。蛤汁うまい、うまい。一膳八文（四〇〇円）で貝類が沢山だ」とある。丸子《まりこ》宿「自然薯《じねんじょ》とろろ汁、名物うまい、うまい」とあり、これは現在でも名物料理として営業している店があり食べられる。私も食べたが、うまかった。由比《ゆい》宿では「アワビ貝、サザエ貝焼き名物。一ばい二十四文（一二〇〇円）。うまい、うまい」とある。アワビやサザエは当時も高価であった。富士山が正面にみえる富士市の浮島《うきしま》ヶ《が》原《はら》付近「柏原村、ウナギ蒲焼《かばやき》が名物」「中味なり」とあり、ウナギの評価は手厳しい。

そこから、箱根宿に上っていき「小豆飯が名物」と記すが味の感想はない。むしろ、平塚《ひらつか》宿「あわ餅が名物でうまい」と記している。関東につくと、利根川の魚も食べたらしいが評判は悪い。色々、川魚は多いが、鯉《こい》の吸物はまずい、との感想をもらしている。

今の千葉県から茨城県を歩いているが、ここから何を食べても「うまい」と書かなくなる。群馬県の碓氷《うすい》峠を越え、長野県の松本などを経て、ようやく岐阜県の加納の手前までできて、「この間の村は奈良漬・香の物が名物だ。下値でうまい、うまい」と書いている。関ヶ原は「よもぎ餅が名物で一つ五文（二五〇円）。うまい、うまい」と感心しているが、伊吹山麓の鮎《あゆ》の評価はさんざんだ。「小鮎が沢山。至ってまずい。煮付けにして三十疋《びき》位で十二文（六〇〇円）」。

こうしてみると、「名物には、うまい物もあれば、まずい物もある」が、正しいようである。食の歴史は現在でも研究が難しい分野の一つといってよい。毎日、人は物を食べているが、あまりに日常的なゆえに、記録に残さない。食べた時の感想である「うまい」「まずい」を文字にして残すことは、さらにまれである。現代人はネット上に星をつけて、うまい店を評定する。未来の歴史家はこれを使って令和人の食を研究できるだろう。うらやましく思える。

座礁クジラは数千万円

子どもにとって年末年始はありがたい。クリスマス・プレゼントやお年玉がもらえる。二〇二一年末、京都の古書店で、またまた面白い史料を発見した。江戸時代に少女が超巨大なプレゼントをもらった話が書いてある。法隆寺の北室院にいた叡弁《えいべん》という高僧が記した「孝女感夢伝」だ。今でも奈良の薬師寺の大谷徹奘《てつじょう》執事長などは実生活に即して仏の教えを説かれる。江戸期に唯識論を説いた叡弁の説法はいかなるものかと読んでいて、見つけた。

日向国高鍋《たかなべ》(宮崎県)の「蚊口《かぐち》乃浦」に、半農半漁の貧しく仲睦《むつ》まじい夫婦がいた。子がなかったので朝な夕な神仏に祈って「ほどなく一人の女子をもうけ」た。「悦《よろこ》ぶ事かぎりなく、その名を『りん』とよび、いつき、かしづきける」とあるから、よほど可《か》愛《わい》がって大切に育てたのだろう。

英国の女性旅行家イザベラ・バードは明治初年の日本人をみて「これほど自分の子どもをかわいがる人々をみたことがない」と驚いた。江戸も後期になると、庶民まで家を代々続け絶やしたくないとの意識が浸《し》みていた。跡継ぎになる子を欲しがり大切にする文化はこれと無関係ではないだろう。親が子を可愛がると、子は素直に育ちやすい。こうして育てられた人々は明るい性格になりやすく、他人や物事を信じやすくもなる。ただ保護されて育つから自分で勝手にやる自立心は育ちにくい。その一方で、親や親方、お上の言い付けはよく聞く。他人とは持ちつ、持たれつで、分かち合いを期待する。こんなタイプの江戸人が増えていった。

りんもそんな素直な子の一人だった。「生まれつき孝心ふかく」親孝行でもあった。それで雛《ひな》祭りの前日、こんな夢をみた。文政《ぶんせい》七（一八二四）年三月二日の夜と史料にはある。年の頃は十六ばかりの天女が夢に現れた。天冠をかぶり「見る目もまばゆき御すがた」。この天女が、りんに言った。なんじが兼ねて慈悲孝心な事が天道に通じた。天の賜《たま》わり物を授けるゆえ、明朝、この浜に出て慎んで待っておれ。さらに孝心を怠るな。そういって天女は消え、夢からさめた。

りんは「不思議の霊夢」に、ますます信心をこらし、天女の言う通り浜辺に出て神仏を拝んだ。ほのぼの夜が明けてくる。すると沖合で何か「黒きもの」が鳴き、浮かんでいる。りんは怪しみ眉をひそめたが、そのうち、その黒い物が浜に流れついてきた。寄ってみると、それは「大なる鯨」であった。りんは「神の賜物と天を拝し地を拝し」大喜び。座礁した鯨を寄鯨《よりくじら》という。寄鯨が「数百金（両）」、今の数千万円で売れるのは子どもでも知っている。

りんはすぐに大鯨の尾に縄を結んで目印にし、家に飛んで帰って両親に告げた。それからは大騒ぎである。漁人が大勢集まり、「大網・小網・何くれの道具を持ち出し」「大鯨を陸地に引き上げ」た。領主がやってきて、鯨の検分と発見者の尋問をはじめ、尾の目印から鯨は「りん女へ天からたまいける也と下知」した。近世法では、寄鯨は売却額の三分の二が領主への上納である。領主が免税にしたかはわからないが、税引き後の三分の一でも大金だ。「貧家、俄に富さかへ、村々の人々にも分かち与え」「よろこびあったという。

先日、ある小学生と親からもらうお年玉の話になった。その子は私にいった。「コロナで子どもに一〇万円の給付金が出るやろ。お年玉はええから、あれを現金で欲しいんや」。なるほど言い分はもっともだが、現代っ子は随分、現実的になったものだと思った。これでは天女も驚いて出てこられまい。

殿様の警護マニュアル

殿様は警護のお供を連れて町に出る。京都の古書店で「大名の警護マニュアル」を見つけた。「御供方心得《おともかたこころえ》」とあり珍しい史料だ。早速、店頭で解読する。「込合《こみあい》」と「非常」の場合に分けて警備のお供（三十数人）の立ち位置が図示されている。

「はて、どこの藩のマニュアルか？」

表紙をめくると「山鳥十文字」の五文字が目に入った。すぐにわかった。「これは松《まつ》代《しろ》藩真田家だ」。真田信繁《のぶしげ》（幸村《ゆきむら》）の兄・信之《のぶゆき》の子孫だ。山鳥十文字は真田家のトレードマークの槍印《やりじるし》。文政八（一八二五）年に藩主・真田幸貫《ゆきつら》が定め、重臣・出浦《いでうら》半平を通じてお供に指示したものらしい。内容は、こうだ。

「総じてお供方の心得はお駕籠《かご》を守護し、往来の妨げにならぬ事である。人ごみの場所・狭い小路などは（供の）人数を畳み、こちらから無礼のないよう心がける」なんとも謙虚だ。江戸時代は喧嘩《けんか》両成敗。殿様の行列が衝突して刃傷《にんじょう》沙汰に及べば、幕府に処罰され御家断絶になりかねない。そこで大名家では兎《と》にも角にも互いに無礼をせぬよう大人しくした。故にマニュアルは紛争を避けるものになっている。

「たとえ向こうより仕掛けてきても、成る丈、うけはずし穏便に扱え。後から先へ追い越すような御相手でも、こちらの行列に差支えはない。向こうの無礼だから構わない。（こちらの）お供方の臆病未練の結果では毛頭ない」

では、どんな時なら反撃してよいのか。「もし向こうが不法に突きかかり（こちらの）人数を打擲《ちょうちゃく》暴行するとか、御道具を奪い取るとか、壊すとか、人数を疵《きず》つける類ならば、止む得ない場合なので切り払うべきである」としている。反撃を発動するハードルはかなり高い。さらに、こんな事態になってもお供は勝手に刀を抜いてはいけない。次のごとく、藩主の抜刀命令を待つ。

「こんな時は臨時のお差図《さしず》があるから、お駕籠より（藩主が）お声掛けをされてから一同が腰刀を抜き放しながら切り捨て切り払え。お声を掛けられるまでは控えよ」「大道や衆人の中なので場合により即座に（藩主が「掛《かか》れ」と）お手をおろされる事もあるだろう」というのである。

一方、江戸中期の武士の心得集『武道初心集』には、喧嘩が静まらない時は「御供の諸侍、残らず抜き刀の仕合に及ぶ」ように書いてある。命令がなくても藩主の槍の鞘を払えと教えている。ところが天下泰平のせいであろう。江戸後期の真田家では、武士は個別に抜刀を判断せず、上の藩主の指示を仰ぐように抜刀のルールが変わっている。

江戸後期になると、大名行列は滅多《めった》なことでは刀を抜かなくなっていた。お供の武士たちは「世知弁袋」などといい、刀のグリップに「柄袋《つかぶくろ》」をかぶせるようになった。「世渡りの知恵袋」という意味であり、塵《ちり》や雨雪の汚れから刀の柄を守るものであったが、すぐ刀を抜いて斬り合いが始まるのを防ぐ目的もあったかもしれない。

幕府の大老・井伊直弼《なおすけ》が桜田門外の変で襲撃された時、お供の武士たちは、この柄袋のせいで刀を抜くのが遅れた、という説がある。さらに駕籠の中の直弼はいきなり銃弾で腰を撃ち貫かれて「抜刀の指示」など出せなかった。その結果、お供は切り伏せられ、直弼の生首は襲撃者の手槍の先に付けられ、通行人の目にさらされながら持ち去られてしまった。そして幕府は瓦解に向かった。

鼠小僧は「義賊」にあらず

忍者の研究をしている。しかし、戦国はともかく、江戸時代になって、大名旗本屋敷に忍び入ったのは、忍びよりも、むしろ泥棒であっただろう。盗人の武家屋敷侵入技術の研究もしておかなくては、と思っていた。

すると、東京は神田の古本屋街で興味深い古文書を見つけた。「御屋鋪《おやしき》へ忍入候盗《しのびいりそうろうとう》賊一件徴《ぞくいっけんのちょう》」と書いてある。なんと鼠小僧《ねずみこぞう》・治郎吉《じろきち》（次郎吉）に盗みに入られた旗本の一人・仁賀保孫九郎《にかほまごくろう》家の内部記録だった。ほかにも治郎吉が市中引き回しのうえ獄門にされたときの罪状を記した捨札《すてふだ》や風説書の写しがあり、一まとめに綴《と》じられていた。

早速、解読してみて驚いた。一八三二年に処刑された鼠小僧は一部で「義賊」だと思われているが、とんでもなかったのである。私も「まさか鼠小僧は貧者に金を恵んだりはしなかっただろうが、大名旗本屋敷に盗みに入り富貴な者からだけ金を奪っていた」と単純に考えていた。ところが、発見した記録からみえる鼠小僧は実に、けしからぬ奴《やつ》である。

まず鼠小僧はたしかに大名旗本などの富貴な家にだけ盗みに入ったのだが、その中で、狙った場所がいけない。「奥向《おくむき》ならびに長局《ながつぼね》、或《あるい》は金蔵等」へ忍び込む。つまり、主に武家屋敷のなかでも、女性がいる奥向や女中が住む長局を狙った。もっぱら、弱い女子の部屋をのぞき、彼女らの金をせしめていたのである。

発見史料には、鼠小僧が、いつ頃、どこの屋敷の、どの場所で犯行に及んだかの膨大なリスト（風説書）がついており、「北御役所（北町奉行所）へ差出ス」とある。これによれば、鼠小僧は大名屋敷一一九家に侵入。狙った場所は、長局六五、奥向五八、土蔵一、茶間一、座敷一、不明二の計一二八か所である。この史料が正しいとすれば、九六％は主に女性の居住空間（奥向・長局）を狙ったことになる。

武家屋敷に忍び入り、侍に斬られてはたまらぬから、女の部屋を狙った、ということだろうが、さらに史料を読み込むと、女の部屋を覗《うかが》う鼠小僧に偏執性を感じずにはいられない。鼠小僧に這入《はい》られた仁賀保家では、鼠小僧の足跡をたよりに彼の侵入経路や邸内での動きを調査しているが、その結果が気持ち悪い。鼠小僧は邸内の庭を往《ゆ》き来した後、「女中雪隠縁頬《せっちんえんがわ》（女子便所縁側）」に上がり、それから足跡がぷっつり途絶える。

鼠小僧にはとび職の経験があった。女子便所の上に潜み屋根をつたったのであろう。便所で用を足す女や長局で寝息をたてる武家屋敷の高貴な女を闇からじっとのぞいていたに違いない。これほど執拗《しつよう》に女の部屋を狙うのは、鼠小僧が金だけでなく、武家の女の部屋に入ること自体に快楽を感じていた可能性を考えねばなるまい。そして、盗んだ金の総額は「三千三百八拾弐両壱分程也《ほどなり》」とも「金一万弐千両程」ともこの史料には記されている。「盗金は悉《ことごと》く悪所場・盛場にて遣い捨て」とあり「酒食遊興又《また》は博奕《ばくち》」に消え、庶民にバラまかれたわけではない。

こんな鼠小僧が、なぜ「義賊」と呼ばれたのか。その背景には江戸庶民の権力者への反感があったろう。武家屋敷がやられる時の庶民の快感である。悪をカッコいい、とする庶民の潜在意識は間違いなくあった。鼠小僧は、将軍様の御膝元で大名旗本の武威を傷つけた。小男にやすやすと妻女の部屋に侵入されてしまう姿をみて、庶民は武家権力の無能を知ってしまった。そうなればもう武家の世は末である。事実、鼠小僧がお仕置になってから三五年目に幕府は倒れた。

「最後の女性天皇」の譲位

天皇陛下が二〇一九年四月三十日にご譲位され実に二〇〇年ぶりに譲位の儀礼が行われる。江戸時代の譲位儀礼の詳細が知りたい。早速、古文書をさがすことにした。前回の譲位は光格《こうかく》天皇。前々回は後桜町《ごさくらまち》天皇だが、後者のほうが気になる。後桜町天皇は女性の天皇。「最後の女性天皇」の譲位の姿がみられるからである。

明和七（一七七〇）年三月、この女帝は引退にむけて動き始めた。摂政として自分を支えてきた近衛内前《うちさき》に「自分に伝授されている伊勢物語の秘事を口授する」と伝えた。帝のすまい常御殿《つねごてん》の小座敷に由緒ある和歌の浦（和歌山県）の風景を蒔絵《まきえ》であしらった「和歌浦文台《わかのうらぶんだい》」が据えられ、密室で女帝と近衛のやりとりがなされた（『御湯殿上日《おゆどのうえのにっ》記《き》』）。五月、「皇太子の即位は来年四月」と公表された。のち、この日程は早められて譲位は十一月二十四日卯刻と陰陽師《おんみょうじ》の勘進（答申）をうけて決定された。

それから十月にかけて女帝引退後の世話係である「院」の職員人事がなされ、最後に摂政の近衛が太政大臣を辞任した。このとき、この女帝は在位中に世話になった摂政・伝奏・議奏など朝廷の執行部をあつめ、「近日、譲国があるので」と、慰労の宴会をひらいている。この時、女帝は出席者全員に贈り物を配ったが、これが面白い。「小掛」という自分が着ていた女物の古着を与えたのである。「皆、着御《ちゃくぎょ》の古物也《なり》」と、もらった公家が日記に記している（『八槐記《はっかいき》』）。帝から着衣を賜るのは宮廷の慣《なら》いであり、臣下はこの下賜を名誉としていた。贈られた者は、最後の徳川将軍慶喜がそうであったが、衣についた帝の汗染みをうれしく思い、人に見せて自慢した（『昔夢会筆記《せきむかいひっき》』）。

しかし女帝は独身で三十歳である。贈るほうも贈られるほうも何らの感情も起きなかったのだろうか。天皇は神聖で公家から生身の女性にみられていなかった、などとはいえまい。

妙なことを想像してしまった。話を譲位にもどす。譲位の三日前、幕府から儀礼費用が届いた。幕府の出先機関・京都所司代を通じて儀礼費用三千両のうち千五百両がきた。今なら億単位の金である。さらに譲位後の当座の生活費として銀九十貫と米千石もつけてきた。幕府は物入りである。引退する天皇（院）に近世前期は七千石、この頃になると一万石の領地を献上するのが慣例となっていた。

さて譲位の二日前には固関《こげん》が行われる。譲位は非常事態。謀反に備え不破の関（岐阜県関ヶ原町）など都に近い三つの関所を閉鎖する。今回、平成の譲位では、国土交通省の役人等が「固関使」の役をつとめ関ヶ原か箱根に走り、高速道路を通行止めにしたことにする儀式はなされるのだろうか。英国ならやるだろうが、今の日本政府はやらない気がする。

譲位前日、リハーサルはあったのかも気になる。公家・柳原紀光《やなぎわらもとみつ》の日記には「御譲位の習礼（リハ）で巳刻《みのこく》（朝十時）に参入、夜に退出」とある。御所の庭に儀式の道具を配置してリハが行われた。

十一月二十四日、譲位の儀礼当日の様子は、女帝自身が「後桜町院（天皇）宸記《しんき》」に残している。「すぐに新主（新天皇）へ、けんじ（剣璽）わたしまいらす」と記し、儀式がすんで自室に戻ったときの感想を「万々歳と、めで度《た》し、めで度し」と、書いておられる。天皇のつとめを無事に終え、ほっとされた正直なお気持ちの吐露であろう。

大変だった譲位の儀礼

平成も三〇年余りで上皇陛下はご譲位された。光格天皇以来、約二〇〇年ぶりのことである。この三〇年という数字にも意味がある。光格天皇も在位三八年に及んだ時、和《わ》歌御会始《かごかいはじめ》（歌会始）で「ゆたかなる　世の春しめて三十年余り　九重のはなをあかずみし哉《かな》」という御製《ぎょせい》を詠まれ、その年に譲位された。豊かな世の春を占（閉め）て三〇年余り宮中の花をよくもあきもせずみてきたものよ、という意味。江戸期の天皇は火災避難以外では御所から出られず、徳川幕府による「幽閉」に近い。

今回の三〇年という区切りは、光格天皇の「三十年余」の先例にならわれたものか。ご進講などで陛下にお会いしたことはあるが、御下問にお答えするだけで、うかがったことはない。

ご譲位には儀式が伴う。しかし二〇〇年の間やったことがなかった。歴史学者の私も譲位儀礼を見たことがない。丁度よいところに、「天皇の公務の負担軽減等に関する有識者会議」座長代理（当時）で東京大学名誉教授の御厨《みくりや》貴《たかし》氏が機会をくださった。『天皇の近代』（千倉書房）という専門書への分担執筆の誘いである。私は「前々回＝二五〇年前の後桜町天皇の譲位。前回＝二〇〇年前の光格天皇の譲位。これを研究して二つを比較する論文を書きましょう」と引き受けた。

まず、前々回に譲位した後桜町天皇は日本史上最後の女性天皇である。これだけでも面白い。幼い甥に皇位をつがせる為に中継ぎとして在位していた。甥が成長し、和歌御会始に出て歌を詠むようになると、大層、喜んだ。この女帝は「幾千代の春をちぎりて聞きはやす　初音うれしき宮のうぐひす」と甥の成長をことほぐ御製を披露し、その年に譲位を宣言した。

後桜町天皇の譲位儀式は前項で述べたとおりだが、この儀式はなかなか大変で、数千両の費用がかかり、幕府が一五〇〇両を支出している。現代なら五億円近くの巨費であろう。この譲位儀礼は光格天皇の時には様変わりしている。後桜町天皇の時には、天皇の住まう御所で譲位が行われた。ところが古式にこだわる光格天皇は違う儀式をした。

まず天皇と中宮がいわば「家出」し、上皇・女院となって住まう仙洞《せんとう》御所に移る。次期天皇は、これを追いかけ、そこ（仙洞御所）で譲位の儀礼を行うのである。

　天皇が御所を出て仙洞御所に移るまでは当然、豪壮な行列を組む。これは民衆に公開された。意図しなくても「天皇ここにあり」とのアピールになった。譲位時は警固《けいご》・固関といって鈴鹿・逢坂・不破の関所に遣いをやって封鎖する儀礼が行われる。三関使、付き添いの内舎人《うどねり》・国司など配役を決めて一種の「芝居」をしてみせる。光格天皇はこの配役を旧来の一八人から三〇人に大幅に増員し、朝廷が国を実効支配していた時代のさまを再現してみせた。そうやっているうちに、本当に朝廷の権威は増していき、とうとう維新で、王政復古を迎えるにいたった。儀礼にはフィクション（架空）をリアル（現実）にする力もある。

梅の宴から生まれた「令和」

令和という新しい元号が決まった。『万葉集』巻五にある大伴旅人《おおとものたびと》の梅の宴《うたげ》で詠まれた歌の漢文の序が出典であると、菅《すが》官房長官から発表されるのをテレビでみた。「令という字のついた年号は珍しいな」というのが、最初の感想であった。

驚いたのは、本書のもとになった読売新聞連載「古今をちこち」を、私の前に担当していた中西進先生が「考案者」と報道されていたことである。中西先生は、私のつとめる国際日本文化研究センターの大先輩。名誉教授である。去年、先生から突然、お誘いのお電話をいただいた。「日本学賞という賞の選考を手伝ってもらえないか」というお話だった。うれしかった。なにしろ、中西先生といえば、碩学《せきがく》中の碩学で、文学、歴史、何を話しても広く深い。一時でも先生と同席すれば、自分の学問になる。二つ返事で引き受けた。

二年ほど前から、中西先生には、しばしばお会いさせていただいていた。「万葉集と災害史について対談した本を出そう」という話で、この対談は『災害と生きる日本人』（潮新書）として二〇一九年三月に出たばかりである。最近、中西先生とお会いしたのは、三月七日、この本の出版祝いの席であった。中西先生が新元号の考案にかかわっておられたか否かは、もちろん、私もわからない。

新元号の発表後に、考案者と取り沙汰された先生ご自身が「元号は中西進という世俗の人間が決めるようなものではなく、天の声で決まるもの。考案者なんているはずがない」と、報道陣におっしゃったのは至極名言であるし、これを尊重する他ない。

ただ、私の方は、何も知らないものだから、先生とご一緒した時に、無邪気に、こういったことは憶《おぼ》えている。「徳川時代に『令徳《れいとく》』という年号案、つまり徳川に命令すると読めるのを朝廷側が出して、徳川幕府を困らせたことがあります。また、徳川をほめるゴマスリ年号案もあって『嘉徳《かとく》』というんです。徳川を嘉《よみ》する（＝ほめたたえる）と読める」。中西先生は温厚な方で、なんでも楽しそうに聞いてくださる。

そのうち、万葉集の話になって、「大伴旅人が好きです！」と、私は、対談本で語りきれなかった万葉歌人の話をはじめた。旅人は万葉集編纂《へんさん》のキーマンの大伴家持《やかもち》の父である。家持の歌を思い出し、酔ってくると、「うらうらに照れる春日に雲雀《ひばり》あがり情悲《こころかな》しも独りしおもへば、という家持の歌は、いいですね、小学校の時から、僕の万葉集のお気に入りは、この歌です」などという話を中西先生にした。

今回、はじめて日本の書物を元号の出典としたといわれる。確かにそうだが、『万葉集』の貴族の歌は『文選《もんぜん》』など漢籍の教養が元になっている。新元号の出典になった『万葉集』の箇所も『文選』にある後漢の張衡「帰田賦《きでんのふ》」や、王羲之《おうぎし》「蘭亭序《らんていじょ》」が元になっていることは既に知られていた。日本政府は『文選』も出典として併記する道もあった。併記せねば、外国の新聞が「やっぱり起源は中国」と書く。事実、そうなった。従来通り、ありのままに漢書も併記すれば、昔の漢字文化圏の文化的な仕掛けと教養が日本には、しっかり残っているという話にもなる。

新元号の出典が、国際色ゆたかな大宰府の長官・大伴旅人の屋敷で宴がひらかれ、梅や蘭を愛《め》でている歌の序なのがいい。ここで詠まれた旅人の歌は美しい。「わが園に梅の花散るひさかたの天《あめ》より雪の流れ来るかも」。令和の世に天の祥《さち》がおりてきますように。

新開発の退位儀式

退位と即位の儀式があって新しい令和の天皇が立たれた。今回の儀式は日本史上の転換点といえる極めて新しい儀式であった。古来の譲位の儀式は約一三〇〇年前の持統《じとう》天皇（在位六九〇〜六九七年）から文武《もんむ》天皇（同六九七〜七〇七年）の時代に骨格ができた。それから、約一一〇〇年前の「貞観《じょうがん》儀式」という皇室儀礼の教科書ができて定まった、といってよい。

ところが、近年は譲位の儀式そのものがなかった。江戸末期に譲位した天皇がなかったうえ、明治新政府の伊藤博文《ひろぶみ》が天皇を「終身在位」で制度設計したため、退位する天皇がおられなかったからである。

しかし、私の勤務先・国際日本文化研究センター名誉教授・村井康彦先生の研究結果でも、むしろ譲位するのが日本の皇位継承の国際的特徴である（村井康彦「王権の継受―不改常典をめぐって―」）。中国の皇帝も琉球の王も、日本のように譲位が通常ではない。朝鮮王朝も原則は終身在位で、譲位は三割にとどまる。特に政権が安定している場合は終身在位が多い。世界の帝室・王室と比較しても日本の皇室の譲位のならいは際立っている。

江戸期の天皇の継承には無言のルールがあった。〈1〉十代後半の跡継ぎが得られると譲位する。逆に、〈2〉跡継ぎが十代後半に達しないと譲位しにくい。理由がある。天皇は歌会始めなど歌会を催す。跡継ぎには立派に和歌が詠める年齢がもとめられた。近世天皇は天皇としてのつとめが果たせる皇嗣《こうし》を育てて譲位するのが理想とされたのである。

ところが、江戸期の宮廷は幼児には苛酷《かこく》で保育には向かない環境であった。皇子の死亡率は高く、三歳までに世を去る方が多かった。そのため天皇は譲位したくても十代後半に達した皇嗣がなかなか得られず、在位のまま崩御される天皇もあったのが実情であった。

それで、江戸末期は皇子の死亡率の高さから、仁孝《にんこう》天皇（在位一八一七～四六年）も孝明天皇（同四六〜六七年）も譲位できず、その後、明治・大正・昭和と終身在位制をとったため、二〇〇年以上も退位する天皇がなかった。それで今回、退位の儀式をするにも、前例となるのが、なんと二〇二年前の光格天皇（同一七八〇〜一八一七年）の譲位となってしまった。

しかし、憲法もない国民主権もない時代の儀式である。前回の光格天皇の譲位儀式をそのまま踏襲すると、現行憲法に抵触するおそれが濃厚であった。光格天皇以前の譲位儀式は「宣命」という日本古来の天皇の言葉をお使いの公家が代読する形式をとった。その文章は決まり文句であって、現代日本語に訳せば、こうである。

「現人神《あらひとがみ》として日本の島々を治める天皇の命令を皇族・臣下・役人・天下公民みな聞けと宣言する。朕《ちん》（天皇）は（徳の）薄い身で天皇の位を受けてより多くの年を重ね、天下の重責に弱い肩は久しく耐えがたい」「皇太子と定めた親王に天皇の座を授ける」

現人神として日本を統治する天皇は旧帝国憲法第一条の「大日本帝国は万世一系の天皇これを統治す」や、第三条の「天皇は神聖にして侵すべからず」には適合しても、天皇の人間宣言や現行憲法の国民主権には合致しない。

そこで今回の儀式では、まず総理が国民代表として「皇室典範特例法の定めるところにより、ご退位されます」と発言した。これに答えて先の天皇陛下が「親から子に譲位する」でなく、「天皇としての務めを終えることになりました」と、法が主体の結果を受け入れる形の「おことば」を述べられた。まさに新開発の儀式である。これが現行憲法の象徴天皇制下の退位儀式の先例になっていくのであろう。

第3章　幕末維新の光と闇

西郷隆盛、闇も抱えた男

二〇一八年のNHK大河ドラマ「西郷《せご》どん」には、私もかかわった。時代考証の一人として加わった。冒頭シーンは上野の山にある西郷像の除幕式であった。そこで西郷の妻・糸《いと》さんが「こげな人じゃなか」と言い出す。これは史実である。西郷像は陸軍大将の軍服姿ではない。これでは西郷は西南戦争の賊徒から名誉回復されたとはいえない。遺族が、そう思ったのではないか。あの像の顔は西郷に似ていないのではないか。世間は、そう受けとめた。

一方、初回から鹿児島にいないはずの島津斉彬《なりあきら》（影武者？）が登場したり、西郷少年が、薩摩では弱い立場にある女子の気持ちに寄り添い女装したりするのはドラマならではの脚色である。ただ、この脚色は、真実の西郷像を反映したデフォルメといっていい。

「西郷は餅のような男」といわれた。生来、共感性が強く、男でも女でも犬でも、そばにいると、餅を並べて焼くとひっついてしまうように、気持ちが溶け合って一体になってしまう。だから、犬と狩りに出ると、犬と同じ気持ちになる。狩りで腹が減って鰻《うな》丼を食べる時には、自分より先に、犬に鰻丼を注文して食べさせ、犬が食べてから自分が食べようとする。

つまり西郷は動物にまで気持ちが憑依《ひょうい》する。日本人は「蟻《あり》の気持ちになって考える」ような自然万物一体の思想を持ちやすい。自他の区別のない西郷はこの国の人々に愛されやすく、事実、絶大なカリスマとなってきた。弱い者の気持ちになれる。ここが西郷の最大の魅力であった。さらにはユーモアと明るさが彼の持ち味でもあった。

だが一方で西郷は一度「謀略」をはじめると、暗殺、口封じ、欺瞞《ぎまん》、なんでもやった。恐ろしく暗い闇を抱えた男でもあった。歴史家は、この西郷の翳《かげ》のある横顔も避けずにみていくべきものと考える。善悪に振れ幅のあるこの絶対値の大きさこそが西郷の人物的魅力の泉である。

ドラマ初回の視聴率（ビデオリサーチ社調べ）も面白い。関東は一五・四％と振るわなかったが関西では一九・八％（鹿児島では三四・九％）に達した。ＢＳでの視聴率は四・九％（関東地区）で「真田丸」（二〇一六年）の三・三％を超えた。大河の視聴がBSにシフトしている点を考慮すれば、実際の視聴率はさほど悪くないと思われるが、明らかに関東では低い。

渡辺謙《けん》の迫力の演技があったように、映画なみの写実的な録《と》り方をしている。薩摩弁がリアルすぎて東北日本にいくほど視聴者に言葉がとっつきにくかったこともあろう。しかし、東西で、これほど視聴率が開いたのは、西南日本の薩長史観と、東北日本のアンチ薩長＝徳川評価史観の地域対立が、いまなおある、とみてよい。

ただ、歴史家の私にいわせると、西郷隆盛はもっとも薩長らしからぬ男であった。勝《かつ》海舟《かいしゅう》ら幕臣と盛んに交流し、驚くほど寛大な処置をとって最後の徳川将軍の命を救い、江戸も無血開城させた。徳川時代の武士である西郷は薩長のつくる政権とあわなかった。薩長の新政府が金と力だけの魂のない政府になっていくと感じると故郷に帰り、反乱を起こして死んだ。死ぬ時、軍資金が二万三千円（現在の七億円）あったが妻子には一銭も渡さず刀一本を形見とした。

西郷思想の集大成『南洲翁遺訓《なんしゅうおういくん》』（『大西郷遺訓』）を西郷のもとにやってきてまとめたのは、東北の山形庄内《しょうない》藩の人々であった。いまでも、山形の酒田市や鶴岡市には、西郷の遺墨や遺品が数多い。西郷は戊辰戦争で弟を失い、そのショックがあまりに大きく、一時は床に臥したまま、起き上がれぬほどであった。以後、西郷の政治的動きは精彩を欠き、どこか卓観し、天上ばかりをみつめる姿になって、ついには西南戦争の軍列に身を投じて、散るのである。

幕末、公家の花見行

「三条実美《さねとみ》あたりやってみませんか」。NHK大河ドラマ「西郷どん」のスタッフが、私にお公家さんの役での出演を口にしたので、冗談だとは思うが、即座に「ご勘弁を」と手を横に振った。芝居は役者に任せるのがいい。

ところが、しばらくして、その三条実美の兄・公睦《きんむつ》に関係する史料を見つけてしまった。実美は維新で大活躍した公家だが、優秀な兄がいた。この兄が満二十五歳で若死にしてしまい、実美が三条家を継ぎ出世した。

京都の自宅近くの古本業者が「公睦」と表紙に書かれた冊子を売っていた。これは三条公睦。若死にした実美の兄の自筆ではないか。私は驚き、すぐに入手した。

実は、この公睦の早すぎる死は、坂本龍馬《りょうま》に影響している。龍馬初恋の人は平井加《か》尾《お》。土佐で龍馬と結ばれるはずだったが二人はタイミングを逸した。わけがある。公睦の妻は土佐藩主山内家の姫。公睦が死んだのでこの姫は髪をそり京都の土佐藩邸で暮らすことになった。その侍女に選ばれたのが加尾。龍馬とは離れ離れになった。その後、龍馬は千葉佐那《さな》、楢崎龍《ならさきりょう》と交際し、加尾とは結ばれなかった。龍馬はお調子者。千葉佐那のほうが「顔かたち平井（加尾）より少しよし」と姉の乙女に手紙で書き送ったのが残っている。

そんな話を知っていたから、この公睦自筆の史料の中身は気になった。ひらいてみると、公睦が、ある年の三月初旬、花盛りに、京都西郊の神社に参詣した時の記録であった。道を行きながら見聞したことや、詠んだ和歌が記されていた。彼には「公睦卿記」（三条家文書）という日記が五冊残されている。これを調べれば何年の参詣かがわかるはずだ、と思った。とにかく、まだ幕末の騒乱が激しくならないうちの記録で、公家の、のどかな花見の一日が垣間見えるものだった。そもそも幕末の公家の花見は、どんなものだったのだろうか。

公睦の小旅行の最初の目的地は西院春日《さいいんかすが》神社であった。春日社は奈良だけでなく京都の西にもある。禁裏御所東の三条邸を出た彼は友を誘い歩いてこの神社をめざした。途中、神泉苑に立ち寄り、堀川《ほりかわ》を渡ったが、このあたりの桜はすでに散っていた。江戸期の京都は堀川を過ぎれば田野である。スズナの花が今を盛りに匂っていた。

西院春日神社につくと、手を洗い口をすすいで社に詣でた。三条家は藤原氏。「此御《このお》社《やしろ》は氏の御神《みかみ》の事なれば実《まこと》かしこくも思」い、ぬかずいて拝礼した。ここで帰ろうと思ったが、「まだ午の時（正午）にも」なっていない。足を伸ばして、さらに西の橘《たちばな》氏の氏神である梅宮《うめのみや》社（大社）に行くことにした。ここは梅の名所だが「散りはてて桜の盛」になっていた。そこで八首目の和歌を詠んだ。「春されば、桜匂へる此宮を、梅の宮とは、誰か名づけん」。公睦は、この梅宮の神官の家にあがり、庭の桜をみながら「破子《わりご》（弁当箱）とりだし、酒など」飲み始めた。それから家路に歩いて戻り始め、途中、壬生《みぶ》寺の地蔵尊で休み、また弁当と酒で一杯やった。そこで、日暮れの鐘がゴーンと鳴った。都大路に入ると、春の月が出てきた。「都路や、名に負ふ花も、散りぬれど、月は変はらぬ、気色なりけり、と、詠みつつ、歩みて、やがて家に帰りけり」でこの参詣記はおわる。

この一日で公睦は実に一四首の歌を詠んでいた。江戸期の公家は貧しく徒歩の花見だが、雅なものである。

「コメ日本の圏外」が育んだ発想

「磯田さん、今年は明治一五〇年。日本航空の機内誌に幕末志士の話を連載していただけませんか」。二〇一八年、日航の元機長・小林宏之《ひろゆき》さんから話がきた。小林さんからは防災思想について学ぶ点が多い。B777の飛行シミュレーターを体験させてもらった。はじめての私が必死で着陸させると、「驚いた。筋がいい」と褒めてくれたこともある。引き受けた。

それで四月、奄美《あまみ》大島と沖永良部《おきのえらぶ》島に取材に行った。むろん西郷隆盛が島流しにされた現場をみるためである。西郷が流された当時、島民は米作りを制限され、サトウキビを増産させられていた。奄美群島はコメ日本の圏外であった。「日本はコメの国。どこでも稲作をしていた」というのは幻想にすぎない。西郷は日本を客観的にみられるコメ圏外の時間を持っていた。このことが西郷の革命思想誕生に大きな意味をもっていた、と気づいた。

その前月、『素顔の西郷隆盛』（新潮新書）という本を出版し、そこに、日本を変えた西郷の考えとはどのようなものかを書いておいたが、なぜ西郷がそんな考えに到達できたかは、奄美の奥まで行ってみなければ、わからなかった。江戸以前の日本をコメ一色で考えるのはいけない。中世史家の故網野善彦《あみのよしひこ》さんが、さんざん言ってこられた話だが、たしかに、それはいえる。

実は、日本本土にもコメでない「牧畜社会」があったのを思い出した。青森県の下北半島である。欧米ならいざ知らず、江戸時代、ちょんまげ牧畜社会が下北半島には実在した。二〇一七年末、相内知昭《あいないともあき》さんという方が、下北半島の六ヶ所村から京都の私のもとに、わざわざいらっしゃった。古代以来、下北半島は馬の生産がさかんであったと、ひとしきり説明され、「あの源頼朝の乗り馬イケヅキも六ヶ所村で生まれたという説がある」と教えてくれた。七つの鞍《くら》が掛けられたとの伝説もある奇跡の巨体馬で、この馬の銅像を作る夢などを語られた。

後日、相内さんから古文書のコピーが山ほど届いた。解読してみると面白い。江戸時代の牧畜社会はこんな様子だった。『六ヶ所村史史料編』所収の古文書によれば、一七四六年頃、六ヶ所村付近の十六村の家数は千七百八十一軒、人口約一万一千人であった。この人口なら通常、米で一万石の村高があるが、米はあまりとれない。

そのかわり、馬が八千八百四十九疋《ひき》、牛が二百八十一疋もいた。まさに牧畜社会である。こんなにいれば、当時まだ絶滅していなかった狼《おおかみ》もくる。狼を仕留めれば、殿様から「銭七百目」（現在の感覚で三万五千円）もらえた。ちなみに鷹《たか》を捕獲すると、二～三両（同六〇～九〇万円）も褒美が出た。武士の時代、鷹狩り用に珍重されたからである。漁もさかんで、鮭《さけ》・鱈《たら》・鰹《かつお》などの漁獲の二割以下を年貢の代わりに殿様におさめていたらしい。貝や昆布・ふのり・てん草などの海草も貢ぎ物の対象であった。江戸時代になっても、ここでは砂金がとれた。「沼役金」という砂金税を領主におさめている。

狩猟・漁労と採集が組み合わされ、著しく農耕の比重が低い、もうひとつの日本の姿が、かつての下北半島にはあった。狼と戦いながら馬を育て、良馬や鷹がとれれば、領主に差し出す暮らしが、そこにはあった。日本列島の南北には、コメによらない土地がある。西郷隆盛も源義経もそこで鍛えられた発想と軍事力でもって都に押し出してゆき、ともに日本全土の歴史を変えている。

京都へ単身赴任した仙台藩兵の日記

先日、仙台藩士の日記を見つけた。幕末混乱の京都へ単身赴任した武士の日記で、職場の図書館に入れた。元治《げんじ》元（一八六四）年、長州藩が天皇の御所に発砲した。世にいう禁門の変である。これで京都は半分が焼けた。御所の下立売御門《しもだちうりごもん》の警衛を担当していた仙台藩はあわてて藩兵を増派したのだが、このとき増派された仙台藩兵がつけた「京都勤番中弁途中雑記」であった。

八月六日に仙台城で伊達の殿様からは「京都表は不容易の形勢。覚悟せよ」と訓示され、殿の正室からは「玉ヨヶ御守」を頂戴《ちょうだい》して九日に出発している。一九日間、中山道等を歩き京都に着いた。

死を覚悟した、さぞ深刻な日記だろうと思ったら違った。出発三日後には宿で「女郎五六人抱置」き同僚をねぎらっている。まことに、正直な日記である。こういう史料は日本史を暴くのに最適だから読み進めたい。

当時の武士は京都の手前・大津まで来ると、衣服の支度を替え、急に隊伍《たいご》を二列に整えて入京した。近代軍隊と違い、幕藩の藩兵は常に整然と行軍したわけではない。仙台藩の京都藩邸は今の京都府庁の北西角に面していた。二階建ての長屋があり、そこに入った。着くと、すぐ銭湯に入り「快眠」できたとある。

単身赴任先に着けば、食器を買うのは当時も同じである。翌日、茶碗と箸をそろえ、藩邸は自炊だから翌々日は釜を買ったが、これが粗悪品。九日で返品している。武士なので剣術道具も要る。到着三日後には、剣術道具屋で「しなへ（竹刀）鍔《つば》等求ム」とあった。

九月一日から御所警衛に初出勤。現代人も初出勤では靴を新しくする。やはり履物の雪駄《せった》を新調している。現代人と違うのは丁髷《ちょんまげ》である。「明日より当番に付、月代《さかやき》取」ると、おでこの髪を綺麗《きれい》に剃《そ》るのが武士のエチケットであった。武士が月代を剃る頻度は、以前から一次史料で知りたかった。概《おおむ》ね六日に一回、剃っている。こういう情報は教科書にも、まじめな学者の学術書にも出てこない。記録しておく。武士は現代サラリーマンのように、毎日の髭剃《ひげそ》りと月一回の散髪という生活ではなかったのである。

下立売御門の警衛は三日に一回、当番すればよい。ただ一日中、泊まり込みである。八人ほどで御門近辺を巡回警備する。非番の日は藩邸の武術の稽古所に出る以外は仕事がない。そして、驚くほど外出行動が自由。例えば、九月五日の当番明けは、入湯→北野天神→門前で大弓・楊弓《ようきゅう》で遊ぶ→今出川で昼外食→上御霊社→祇園→あんころ餅を喰《く》う、といった風で洛中洛外の名所旧跡に行き倒している。また古梅園で筆を、書店で頼山陽『日本外史』を買い、新京極の誓願寺の寄席で「軍談」を聞いている。落語ではなく、軍談というのは興味深い。講談に合戦の話が多いのは、武士が寄席で聞きやすいように、という客層への配慮でもあったのであろう。

時には、芸者とも遊んだ。十月五日、鉄砲を買おうとしたが、「高値に付、見合わせ」ている。鉄砲を買わずに、浮いた金で遊興しようと思ったのか、翌日、同僚と連れ立ち、東福寺の通天橋《つうてんきょう》に「紅葉見に行」った。酒を呑み、東北弁で「うだ（歌）踊など噪立《さわぎ》」てたと記す。「信楽茶屋《しがらき》」に同僚の案内で行き「三本木芸子・小秀（二十歳ばかりの中美の女也）というを呼、流行唄やら」大噪した。仙台藩士は芸達者で「おいどこぶし春雨」を踊り、あげくには「万才のまね、手妻（手品）つかひの真似《まね》」で大笑いしたという。

翌年三月になると、当然、桜を観《み》た。「嵐山へ花見に行」った。「渡月橋《とげつきょう》と云《いう》橋あり」「都鄙《とひ》、老若男女、群衆致しそうろう」とある。こうしてみると、秋は東福寺の紅葉を見て、春は嵐山の桜をめでる。祇園と新京極で買い物を楽しむという京都観光の姿は幕末にすでにある。コロナ禍で客の増減が話題になる観光地の多くは、江戸時代からにぎわっていたようである。

松平容保と高須藩の謎

松平容保のことが気になっている。彼は会津藩主であり、近藤勇《いさみ》の新撰組も、坂本龍馬を斬った見廻組も彼の配下であった。京都で治安維持のトップに君臨し、彼に仕える会津藩公用方という組織が幕末の政局を仕掛けていた。容保は容姿が端正で学問もあり、筆跡も見事である。

兄弟たちもみな優秀であった。「高須四兄弟」とよばれる。異母弟の松平定敬《さだあき》は桑名藩主で、京都所司代として容保を支えた。異母兄の徳川慶勝《よしかつ》は徳川御三家のひとつ、尾張藩をついだ。慶勝は徳川家の人間ながら西郷隆盛の才能をいち早く見抜き、ほれ込み、徳川幕府が崩壊する時にも、政局判断を誤らなかった。慶勝はひょっとすると天才であったかもしれない。尾張藩の財政改革をやったうえ、幕末のあの時代に、名古屋城内に化学実験所を作り、自ら薬品を調合して写真術を研究していたほどである。

容保のもう一人の異母兄・徳川茂徳《もちなが》も人物といってよい。慶勝のあと尾張藩主となり、さらに徳川慶喜が将軍になったあと、一橋家をついだ。実のところ、幕末史を動かした徳川方のプレーヤーは、わずか三万石の高須藩（岐阜県）藩主・松平義建《よしたつ》の子どもから、ごっそり出ている。

だから、幕末史の深部を知るには、この高須藩の内部事情、松平義建の家族の様子を、ぜひとも調べなくてはならない。高須松平家から、あれほど「大名人材」が輩出されたのはなぜか。優秀な子育てができたのは何か特別な仕掛けでもあるのだろうか。そんな疑問もわく。

しかし、高須藩は小藩である。記録を残す家来そのものが少なく、史料が極端に少ない。「どこかに高須藩の内部資料はないものか。松平容保の父母たちの生活記録があれば……」。私は、長年そう思い、史料を探していたが見つからず、地団駄《じだんだ》を踏む思いでいた。

ところが、である。今夏、京都の古書店で奇妙な古文書を見つけた。「御入郡中御用記」と記され「三千円」と値段が張られ、店先の棚に無造作に押し込まれていた。弘化四（一八四七）年に岐阜県海津市の「行基寺《ぎょうきじ》」という寺がつけた記録であった。

「行基寺」という三文字に、私は色めきたった。なぜなら、この寺こそ高須松平家の菩提寺である。興奮した。高須松平家の内情が隠されているかもしれない。どきどきしながら、解読してみると、面白い。高須四兄弟の父・松平義建は弘化四年に領地に入り、堤防を修築したらしい。水害対策などの治水を行ったようで、そのとき奥女中（側室）らも連れて領地で暮らしたらしく、菩提寺がその藩主家族との交流の有様《ありさま》を書き記したものだった。これはしめたと思った。

まず驚いたのは、松茸狩りの記述である。通常、藩主は女など連れず、男だけで野山に狩りに出る。大名家の女性は寺参り以外の外出は原則ない。ところが高須松平家では殿（義建）だけでなく、側室も松茸狩りをやっているようである。はじめは殿だけが松茸狩りをしたが、続いて、女たちも来ている。殿が松茸を取ってきたのがうらやましくなり、側室たちがねだって外出したのであろう。

藩主・側室の松茸狩りは「あやしき者」が山に侵入していないか事前チェックしたうえで専用の留め山で行われた。女たちは菩提寺でサツマイモ入り茶飯を食べ、殊の外、ご機嫌で帰ったことが古文書からわかる。

松茸狩りに参加した奥女中の名は「駒井・お亀・お花・お千代・ときわ」。千代は容保の母・古森千代であろうか。高須松平家は、側室など女たちが大切にされている。他家よりも女性の自由度が高い家風であったかもしれない。家族が野外で生き生きと過ごす時間がちゃんとあった。人材を輩出した高須松平家の子育ての雰囲気を垣間見た気がした。見つかった史料は、地元・海津市の歴史資料館に譲ることにした。きっと高値がつくものなのだろうが、古文書の転売でお金を得る気はないから、買い値に実費で一万円を申し受け、地元に送った。名残り惜しい史料だったが、これでいいのだと自分に言い聞かせた。

孝明天皇の病床記録

年末になると十二月二十五日がご命日の孝明天皇（在位一八四六〜六七年）のことを考える。この帝は「徳川幕府は絶対に必要」という思想の持ち主であった。この帝が存命する限り、武力倒幕は難しかった。帝が疱瘡《ほうそう》（天然痘）にかかり急死し、幼帝に代わったため、薩摩らにお墨付きが与えられた。帝の死がなければ、徳川の政権が続いていた可能性が高い。そのため、この帝については毒殺説がささやかれ続けてきた。

毒殺説が成り立つかどうかは、帝の病床記録から調べるしかない。それで、私は孝明天皇の公式伝記にも掲載されていない病床記録をずっと集めていた。帝の死を論じるには、まず、帝が召し上がったものと出したものを正確に把握しておかなければならないからである。

そして、私は一〇年ほど前、「御痘瘡《とうそう》ニ付両役来書写」という古文書を古書店から入手し狂喜した。帝の病床での食事と排泄のさまが克明に記されていたからである。両役（武家伝奏の公家）が幕府側に帝の病状を報告した書類の写しである。忍藩松平家（埼玉県行田市《ぎょうだし》）から出たものらしく「忍・城南文庫」の蔵書印を消したあとがあった。

この史料によると、帝の食欲は死の直前まで旺盛である。二十二日午前は葛湯一椀《わん》・唐黍団子《とうきびだんご》一五個・お粥《かゆ》二椀と半分・ほもじ一椀を召し上がった。ほもじとは糒と書く。干し飯《ほしいい》のことで、宮中の女房ことばである。同日夜も唐黍七個、煎餅とか道明寺粉《どうみょうじこ》の食べ物を小茶碗《ちゃわん》で三杯以上。この二二日には帝は「御機嫌能《よく》ならせられ」、侍医団は「御灌膿《かんのう》」つまり帝の疱瘡は山場をこえたと宣言した。はっきり「御順症」と順調な回復ぶりが公表されたのである。

たしかに、その翌日、二十三日はよく召し上がっている。献上菓子を水でといて一椀、落雁《らくがん》を水でといたのを半椀、道明寺や唐黍の団子を七個、葛湯一椀、ほもじ二椀を口にされた。さらに、この日は「おとう（御東司）ならせられ」と、ご自身で厠《かわや》に立たれたこともわかる。

ところが、二十四日には様子が変わってくる。卯《う》刻（朝六時）に「御大便御 行」があった後、辰《たつ》の刻（朝八時）に、ほもじ一椀半を食されたが、結局、この日は、ほもじ二度、お粥を一度と、少しだけあがった。容体に変化がみられたのは、この二十四日の夕方であった。帝は「御乾嘔《からえずき》」と、吐く物がないのに、えずいた。おえっとなる症状が強くなった。

そして、夜中から二十五日早朝まで「御大便御三度少し宛《ずつ》」をされ、吐き気を止める薬・鎮嘔散《ちんおうさん》を飲まれた。吐き気は少し間遠くなったが、侍医は帝が「内伏の余毒」を外に出し切れていないと判断した。この場合の余毒とは疱瘡の病毒をさすと考えられるが、とにかく、侍医は薬を変えて解毒系の薬剤を処方し、この日、帝は崩御された。

これを単なる病死とみるか、毒殺の可能性があるとみるか。その判断は現時点では慎みたい。まだまだ一次史料を集める必要があろう。ただ、帝の病状が時々刻々と外部に漏れていたことは確かである。

しかし、なぜ帝の便量まで外に漏れるのだろうか。それは御所の便所が肥だめ式でなく、砂と紙を敷いた引き出し式であったためである。また当時の帝は、革製漆塗りのおまるも使用していた。それを女官が洗い便量を確認していたらしい。

この帝の便器の構造を猪熊兼繁《いのくまかねしげ》という有職故実家《ゆうそくこじつ》にちゃんと取材して公にしたのは意

外な人物であった。映画監督の故・伊丹十三《いたみじゅうぞう》。二〇一八年四月に伊丹十三賞をいただいた縁でそれを知った。『伊丹十三選集第一巻　日本人よ！』（岩波書店）に、この帝の便所の話が載っている。

龍馬の遺著か、『藩論』の発見

重要史料は、ささいなきっかけで発見される。二〇一八年末、成城大学の国文学の教授が「磯田さん。いま京都。大原野の一軒家のフレンチにこないか」と誘ってくれた。行くと、教授は手に何冊か古文書を持っている。「一〇〇〇円で買った。これは磯田さんに」と、一冊くれた。古書店は見切り品を店頭で数百円で売る。それを買ったらしい。

表紙には「御奉公之品書上控　土方《ひじかた》清郷」とある。「これは岡山藩の家老の元家来の履歴書ですね」というと、教授はたいしたもので「磯田さんの出身地の岡山藩の史料だと思ってお土産に買ってきた」という。店頭でみただけで、何藩の古文書か即座に判別できる国文学の教授は少ない。感心した。一体に、成城大学の国文学科は専門外にも詳しい方が多く話して楽しい。教授に「どこの店で売ってました」と尋ねたら、すんなり店名を教えてくれた。

年が明け、早速、私はその古書店に行った。教授に教わった見切り品の棚をあさる。「東備　塩見《しおみ》圭《けい》・子復」と書かれた冊子があった。東備＝備前岡山の塩見という者が自詠の漢詩をまとめたものらしい。なるほど岡山藩関係の史料が含まれている。さらに棚をまさぐると、奇妙な和綴本《わとじぼん》が出てきた。「明治紀元十二月　藩論　巻一　弐白部限滅版」とある政治意見書であった。二〇〇円のシールが貼られて投げ売りにされている。

これは発見であった。『藩論』は坂本龍馬と海援隊に関係するものとされ、日本政治思想史上の重要史料である。関家《せきや》新助《しんすけ》『近代日本の反権力思想　龍馬の「藩論」を中心に』（法律文化社）など研究書も出ている。土佐藩出身でイギリスに留学、のちの貴族院議員・千《ち》頭《かみ》清臣《きよおみ》によれば、この『藩論』は坂本龍馬の遺著だという。大阪大学名誉教授・時《とき》野《の》谷《や》勝《まさる》『藩論　付脚注解説』（霊山顕彰会）では「『藩論』の基本的趣旨は龍馬を中心に構成され、それを海援隊で秘書役を務めていた長岡謙吉《けんきち》が明治になってから整理して版本にしたのではなかろうか」とされる。しかし、「驚いたことに『藩論』の存在が初めて人々に知らされたのは大正三（一九一四）年六月、なんと六十年もたってのことであった」（新井克志「藩論、藩論の著者そして藩論原著湮滅《いんめつ》の謎（一）」）。

そうなのである。この『藩論』という本は極端に残存数が少ない。原著は太平洋戦争で焼失したとされる。二〇〇部限定で出版された木版本も同志社大学人文科学研究所に、ただ一冊残るのみである。写本も一冊だけ。愛知県刈谷市の村上忠順《ただまさ》という学者が「明治四年九月二十八日」に写したものがある。私が発見した『藩論』は日本に現存する三冊目ということになる。しかも、村上忠順筆写本とは違い、同志社大学所蔵の木版本の表紙と筆跡が酷似していた。

私は、あわてて高知県立坂本龍馬記念館に電話した。同館にも『藩論』の所蔵はない」という。これほど『藩論』が珍しいのは理由がある。内容が当時としては過激であった。「天下国家を治めるには民が政柄《せいへい》をとるのも可だ。乱すにおいては至尊（天皇・藩主など君主）がやるのも不可だ」などと書き、入札選挙で政治をしよう、との内容である。ようするに、天皇などがいけない政治をやって天下を乱したら、民が政権をとってよい、という考えを堂々と書いている。十七世紀後半の西欧の革命権思想に似たものを記している。龍馬の一周忌ごろ、この過激な『藩論』が出版された。選挙の具体的方法を記した「巻二」も出版予定だったが、どうも出ていない。この時期に、新政府の開明派・横井小楠《しょうなん》が「西洋かぶれ」として保守派に暗殺され、萎縮《いしゅく》して中止した可能性がある。それで巻一のみで終わっている。この本は、龍馬たちの「危険思想」の断片なのか。今後も研究を続けるつもりである。

「薩長密談の茶室」を救う

いま、京都では猛烈な勢いで「町家」が壊され、伝統家屋が失われている。アジアの経済成長で外国人観光客が急激に増えた。町家が倒され、ゲストハウスのビルに変わっていることもある。観光客が来ると、観光対象であるはずの伝統的景観がかえって破壊される皮肉な現象が起きている。このままいけば金儲《もう》けの観光ビルばかりになり、将来的には観光客が去りかねない。まさに観光公害である。

京都は幕末維新の舞台だが、先日、大久保利通《としみち》が西郷隆盛、岩倉具視《ともみ》との密議に使った茶室「有待庵《ゆうたいあん》」が解体されると聞いて慌てた。この茶室はわずか三畳だが日本史を決定した空間だ。なにしろ、この茶室は「薩長連合協議の為め少し早目に京都に入」った薩摩藩の小松帯刀《たてわき》の茶室。長州藩の木戸孝允《たかよし》との「密談用にあの茶室が使はれたことが色々言ひ傳《つた》へられて居ります」「薩長連合の密談の際に用ひられたもの」と、大久保利通の三男・利武《としたけ》がはっきり証言している（『有待庵を繞《めぐ》る維新史談』、以下引用は同書）。

これが正しいとすれば、有待庵は坂本龍馬の薩長同盟の舞台になった茶室の部材で建てられていることになる。その後、茶室は大久保邸に移築され、王政復古→鳥羽伏見の戦い→東京遷都の政治過程では、この有待庵で大久保と西郷が謀議したようである。西郷と大久保が、この茶室で密談する様子は、西郷のいとこ・大山巌《いわお》（のち陸軍元帥）が回想している。「西郷さんは奥の茶室で時には密談が長くなり困つた」。すぐに暗殺されがちな長州人、土佐人に比べ、薩摩人は用心深い。西郷の夜間外出の際には、大山が「常に短銃を懐ろに入れ、少し離れて警衛し」、「大久保さんの外出のときは、西郷信吾《しんご》（従道《じゅうどう》＝隆盛弟）が随」行した。

薩摩は藩の要人警護がしっかりしていた。そのうえ、密談に専用の茶室を使い、情報管理が徹底していた。西郷は、いとこの大山さえ、この茶室に近づけていない。岩倉具視はこの密談茶室に変装してきた。「頭巾を召され……御太刀は風呂敷包とし」た。そう従者の西川与三が証言している。

この茶室が解体されると、最初に知らせてくれたのは、歴史研究者の原田良子《りょうこ》さん。

驚いた。すぐに情報収集をはじめた。近くの神社関係者がまず察知し、以前から心配していたとの情報が入った。これはいけない。放置すれば、間違いなく消滅する。

この茶室は文化財に指定されていない。制度的には一五〇年前のただの茶室である。これを保護するには、上から大きな政治決断を下すしかない。私は一晩考えて、京都市長の門川大作さんにメールで連絡をとった。

以前、『日本史の内幕』（中公新書）に書いたが、私は国土交通省に直談判し、静岡県沼津市の高尾山古墳を道路建設による消滅の危機から救ったことがある。

私は市長室に駆け込み、門川市長に有待庵の歴史的価値を説いた。「市長！ 幸いこの建物は二メートル×三メートルほどで小さい。所有者が応じれば移築できます。やりましょう」。門川市長はすぐに理解してくれた。市が文化財に未指定の建造物を保護するのは異例中の異例である。原田さんの機転に加え、多くの研究者や歴史ファンが声をあげてくれたことも後押しになった。所有者はじめ人々の善意で有待庵は消滅の危機だけは脱した。市有地に移築し、将来的には一般公開する方向だという。

だが今後も危機は続く。例えば、観光客からの出国税を文化財や自然景観の保護財源にあてるなど、今すぐ本気で制度作りに取り組まねば、きっと、すぐに日本は殺風景な国になる。その後、この茶室の研究も進んだ。国会図書館憲政資料室に、大久保利通の三男・利武の書簡があると、原田さんがいう。私が、とりよせて解読してみると、果たして、大正三年三月に、有待庵を利武が買い戻した時の手紙であった。そこには、父・利通の「御住居当時の旧形、其儘《そのまま》に保存」したい、と書かれていた。「多少、手を入れ」ると、「旧時に復す」ものであったようで、やはり、この茶室は利通時代の姿を今に伝えるものであったことが、はっきりした。現在、京都市のほうで、移築・再建計画が進められている。

日本人チョンマゲのやめ方

夏休みも終わりになると、全国の子どもから「歴史の自由研究」の質問がくる。今年、一番、答えに窮した質問は「維新後、江戸人はチョンマゲを切って、新しいヘアスタイルにしたが、その手順は？」であった。当時の男は月代《さかやき》といって、頭のてっぺんをカッパのように剃《そ》り上げ、ピストルのような髷《まげ》をのせていた。これを今のヘアスタイルにする断髪法を聞いてきた。〈1〉髪を全部剃り坊主頭にしてから髪を伸ばした〈2〉まず月代部分を伸ばしてからチョンマゲを切った〈3〉いきなりチョンマゲを切って落ち武者スタイルになってから髪を伸ばした。このうち、どれ？　との質問である。この質問には答えにくい。「いろんな場合があった。〈2〉が多かったかもしれない」と回答したものの、根拠を示せなかった。

ところが質問を受けた三日後、京都の古書店・志満家《しまや》でズバリの史料を見つけた。明治五（一八七二）年十月十五日発行の「京都新報」十号。これに断髪推進派の「投書」が掲載されており、チョンマゲの切り方の良し悪しが挿絵つきで論じられていた（引用の際は現代語に訳す）。

髷を切る時、最上の「第一等」と賞賛されているのは〈1〉の髪を全部剃る方法である。「寒くなる時候を恐れず、一気に剃り落した気象は天晴な大丈夫である。追って伸びた髪の癖も良く見事な斬髪になるだろう」とある。きっと、こんな思い切った潔い人は少なかったのだろう。

たいていは〈2〉の月代部分を伸ばしてから髷を切った。これは〈1〉ほど潔くないから「第二等」とされ「先日以来、風邪で少々、月代が伸びたのを、その儘《まま》に挟んでいるのは、ごもっともで申し分ない」としている。「第三等」とされているのはチョンマゲを切る準備をしている人である。「かねて斬髪の時には、と心構えの長髪」にしようと月代部分の髪を伸ばすが、まだ髷は切っていない。「髷を切って撫《な》でおろした用意は最も賢い振る舞いだが、鍔際《つばぎわ》の降参に等しく、今日まで猶予しているのは（斬髪を）臆しているのではないか」と批判されている。実際こういう人が多かったのだろう。時代が変化する時、人は、まごつくものなのである。

〈3〉のいきなりチョンマゲを切って落ち武者スタイルになった人はいたのか。そんな人は多くなかったようである。「第五等」として「若い人の黒々とした髷を切って撫でつけた」ケースを紹介しているが、これは「船中、風波の難に遭い、金毘羅《こんぴら》大権現に(助けて！と)髷を奉納した人であったとは」などと冗談のように記されている。

この新聞には「当節、斬髪の人、日増に候」とも報告されているが、明治五年秋の段階では、まだチョンマゲの人も多かった。「第六等」として「僅かに髻《もとどり》の結び目を切って後ろにはねているのは……浦島の子孫だろうか……何にせよ、はかばかしからぬ様に見える」と、中途半端な浦島太郎ヘアにした人を悪く書いている。

さらにはチョンマゲをやめない人もいた。これは最低の「等外」とされている。「従前のままに半髪の人は、今から月代を伸ばし、あとで斬髪しようと沈着(停滞)しているる。新法の趣旨を胸に納めているのか。頑固で陋習《ろうしゅう》の甚だしい人なのか、わからない」。やはり月代を伸ばしてからチョンマゲを切り落とすのである。

この史料をみるかぎり、私の回答は、そんなに間違っていなかったようである。歴史に対して問いをたてる子どもの発想は素晴らしい。私も大いに勉強させてもらった。

修学旅行の始まり

先日、日本最初期の修学旅行の日誌を見つけた。

経緯はこうだ。私は京都の国際日本文化研究センター（日文研）に勤めている。この研究所は初代所長・梅原猛《うめはらたけし》の仕掛けで、研究者たちが雑談しやすいように設計されている。ある日、同僚のジョン・ブリーン教授と「お伊勢参り」の話をした。江戸期の伊勢には外宮《げくう》と内宮《ないくう》の中間に大きな歓楽街があった。男たちは参拝もしたが、風俗的な遊びも目的にしていた。それが近代になって急に真面目な空間になりだす。たしかにそうだ。そんな会話になった。面白い研究視点だ。私はケンブリッジを出てロンドン大学から来たブリーン教授の著作を楽しみにしている。こう言った。

「明治以後、伊勢が変化する証拠史料を探してみましょう」

古書の業者をあたっているうち、偶然、「明治二十六（一八九三）年秋季修学旅行日誌」という史料を見つけた。奈良県尋常師範学校の一・二・三年生、五四名が三人の教員に引率されて、三重県下に修学旅行に行った時の日誌らしい。

日本では修学旅行は明治十年代から師範学校などで始まった。最初は「長途遠足」などと言っていたが、明治二十年に『大日本教育会雑誌』に「修学旅行」の文言が登場。翌年、「尋常師範学校設備準則」で、修学旅行は「定期の休業中に於《おい》て一ヶ年六十日以内」で行うことが定められ、師範学校で修学旅行が公式化したとされる。ちなみに、この準則は一〇〇頁《ページ》もあり、職員数の他に、備えるべき動物標本の種類まで全国一律で規定された。ヘビ部門はマムシとアオダイショウ、昆虫ではタマムシなどの標本を確保せよ、と具体的に規定していて細かい。

見つけた日誌を読むと、一〇日間の旅行で、奈良→名張《なばり》→垣内→松阪《まつさか》→宇治山田→津→関→伊賀上野《いがうえの》→奈良という行程である。関から伊賀上野近くの柘植《つげ》まで蒸気機関車で移動した以外は、すべてで歩いている。一日平均七里（二八キロ）を歩き、九里（三六キロ）歩いた日もあって、大変だ。

その様子は修学旅行というより、軍隊式の行軍である。ラッパの合図で集合、出発する。隊列を組み、小隊長・中隊長をきめていた。当然、体調をくずして脱落する生徒も出た。その場合は看護がつき、教諭が、駕籠に乗れ、と命じている。ところが、軍隊式のわりに、夜遊びを許す。朝六時ごろ出発し、昼間はずっと行軍するから、今のように、あれこれ見ては歩けない。

そこで、午後五時ごろに宿につくと、夕食後は自由時間で、八時か九時まで旅館から外出許可が出る。門限の人員検査に間に合えば何をしてもよい。夜は絶対に旅館から出さない現代の修学旅行とはかなり違う。夜遊び自由の修学旅行なのだが、実際には歩き疲れ「足痛の為め遺憾ながら外出する能《あた》はず」という日もあったようだ。

教諭の負担も大きい。今は旅行代理店が電話で宿を手配するが、教諭が先発して宿を準備する日もある。あろうことか、松阪では着いてみると、宿泊するはずの旅館が大火事で消えていたと、ある。

明治になって、伊勢はそれまでの歓楽街から真面目な空間に変わりはじめた。農業館本館が建ち、農産動植物の標本を見せていた。本館西隣には「パノラマ館」ができ、女性のイベントコンパニオンが「説明者」になってアメリカ南北戦争の絵画を「甚だ周到なり」と解説するに至っていた。明治の伊勢は、アメリカ南北戦争展をやっていたのである。この世界知識への欲こそが日本を短期で先進国にした本体である。

明治期は毎日三〇キロ歩く夜遊び修学旅行だとわかった。日誌は、ブリーン教授に進呈した。学術研究に役立てられるだろうと思う。

もみじ饅頭と伊藤博文

広島の、もみじ饅頭《まんじゅう》には有名な逸話がある。初代総理大臣の伊藤博文が茶屋娘の手を取って「なんと可愛《かわい》らしい、もみじのような手であろう。焼いて食うたらさぞ美味《おい》しかろう」と冗談をいった。それで、もみじ饅頭が出来た。

長年、この話の真相をたしかめたいと思っていた。すると先日、ＢＳ－ＴＢＳから「極上のクルーズ紀行」という船旅番組の出演依頼がきた。宮島にも行くらしい。言ってみた。「伊藤公が茶屋娘の手を取ったのは定宿の岩惣《いわそう》。岩惣を取材させてくれないか」。話はきまった。

もみじ饅頭の謎に迫れる。私は大喜びで宮島に上陸した。息せき切って岩惣につくと、美しい女将《おかみ》が迎えてくれた。いわく、「明治期に四代目の女将がもみじ谷の岩惣らしいお菓子をお客様にお出ししようと、もみじの木型を作ったのはたしかです。先生にみて頂きたい掛け軸が」。

伊藤の漢詩であった。漢詩を初見で解読するのは難しい。だが意外に読める。我ながら学もないのに、まちがってもいいやと、いい気になって、声に出して吟じてみた。

金風《きんぷう》、颯々《さっさつ》として夕陽の中
閑《かん》に浜楼に倚《よ》りて晩楓《ばんふう》に対す
勝景、由来して能《よ》く客を引く
天妃《てんひ》、我を留め酔い雨を残す

秋風が颯々と音をなす夕陽の中、閑暇《かんか》に浜辺の楼によって最後の紅葉を見ている。この絶景のおかげで、よく客をあつめている。女神は私をここに留め酔うと雨が残った。ざっと、このような詩であろう。

「天妃」は中国では媽祖《まそ》。航海の女神をさす。厳島も女神をまつる。だが、女神にひかれて泊まってしまった。そういわれると、やはり、天妃は華やかな芸妓《げいぎ》のような気がする。伊藤の女好きを疑ってしまうのだ。

試みに、伊藤公の漢詩集『藤公詩存』をめくると、この詩は推敲《すいこう》されて収載されていた。こちらも読み下す。

白雲洞に題す
金風、颯々として夕陽の中
閑に渓楼に倚りて晩楓に対す
これ樊川《はんせん》にあらざれども、また愛を吟ず
天妃、我を留め酔い紅を残す

ところが、違う詩になっていた。特に三句目が改められている。晩唐詩人・杜牧《とぼく》（樊川）でなくても愛を吟じ、女神が私を留めて酔い紅を残すというのだから、いよいよエロチックな詩になっている。

明治期の政治家は漢学に詳しい。杜牧の「白雲生ずる処《ところ》、人家有り。車を停《とど》めて坐《そぞ》ろに愛す楓林《ふうりん》の晩。霜葉《そうよう》は二月の花よりも紅なり」という詩句も知っていたのであろう。

詩集中の配列からみて、この詩は明治二十九（一八九六）年前後のものである。宮島の紅葉は十一月中下旬が見ごろだ。『伊藤博文公年譜』で調べると、伊藤はこの年の十一月に宮島を訪れている。おそらく伊藤は明治二十九年に岩惣に宿泊し、件《くだん》の掛け軸を書いたあと、同じく宮島の料理旅館・白雲洞にもよって「白雲洞に題す」と漢詩を推敲したものであろう。

こんなふうに絶景と女性に目のない伊藤であったが、政党を育てようとした時の伊藤公の精神は記しておきたい。立憲政友会を立ち上げた時、伊藤は政治家の「離合は国家の利益を伴わなければならぬ」といい、自分の言論動作が国家の利益に沿わない時は「諸君が我を見捨てるの時」であり「遠慮なく御見捨て下さって宜《よろ》しい」と演説した。さて今日、政治家の離合は国家利益か自己都合か。もみじ饅頭を頬張《ほおば》りながら「其目的は一党派の私利に供する道具ではない」と言い切ったエッチな男・伊藤の政党政治への志を思った。

また彼は、宮島は外国人が見物に来る風景で「自然に其資本を持」つ、保存せよ、とも演説している。この国は先端技術分野では昔ほど稼げなくなった。すぐには、立て直せない。ならば、しばらく、文化や観光でやっていかねばならぬ。そのためには、伊藤のいうように日本全体が宮島になって日本全体の自然を資本と心得て暮らさねばなるまい。伊藤は色好みで教養人で、先見の人でもあった。

第4章　疫病と災害の歴史に学ぶ

ねやごとにも自粛要請

新型コロナウイルスのせいで公務や講演が取りやめになり、一日だけだが暇ができた。こんな時は京都の骨董《こっとう》屋をひやかして歩くに限る。この騒動のなか書画骨董を探して歩く人は少なかろう。爆買いの中国客も消えた今、骨董屋もあれこれ考えるに違いない。「珍しい古文書が出てくるのはこういう時かもしれぬ」と淡い期待を抱いて家を出た。

すると本当にあった。公家の日記であった。公家は一三〇家ほどしかない。近年は滅多に出てこないから、まことに助かるし、興奮した。見れば、明治四（一八七一）年のもので、維新直後の様子がよくわかる。パラパラめくると、公家本人ではなく家臣が「詰所」でつけた日記のようで、醍醐《だいご》忠順《ただおさ》家のものと確信した。

ところが困った。店内には、もう一人業者がいて「その日記はもう売れた」と店主がいう。困った。どうしても、この日記は要る。研究したい。業者に流れれば、史料はどこへ行くかわからない。思い切って交渉してみた。「すみません。この日記は学術的に重要です。売ってください」。幸い、妻は金に頓着しないので、私の本代に文句を言わない。業者も鬼ではない。必死で提示した買値が良かったのか、哀れに思ったのか売ってくれた。「まだ何冊かある」というから、散逸しないよう、あとでまとめて買い取り国際日本文化研究センターの図書館に納まるよう手配した。

こうまでして買い取ったのには理由がある。日記には、日本人が「伝染病」と戦う姿が克明に記録されていたからである。私は、約一五〇年前、新政府がパンデミック（世界的流行）に直面した時のさまを書きたいと思っていた。

パンデミックといっても、この日記の時に問題になっていたのは家畜伝染病であった。「シベリア海岸にリントルペスト（牛疫）流行起り追々蔓延《まんえん》。日本へも伝染すべき有様なれば日本政府へ御忠告」と、上海駐在の米国領事が外務省に知らせてきた。明治初年の日本は、牛馬で生産を支えていた。運送も耕うんも糞畜としても牛馬が主力であったから、牛の病気の流行は一大事である。この病気は「空気中に導き伝へず只動物より動物に伝へ、或は人身よりし、又、衣類・諸品よりし、或は又、既に患《やみ》し獣類の病原を含める物等より伝ふ」「伝染を受たる獣類は残らず直《ただち》に打殺し、其死骸を火中に投じ焼捨べきなり」と記されていた。新政府はこの全文を翻訳し、すぐに日本全国に布達。公家の醍醐家にも、それがきた。

こういった布達を見聞きしたせいで、「空気感染」の概念や「病原」が衣類や物品に付着して感染が拡《ひろ》がるなどの新知識が明治の日本人の脳に入ってきたのである。これをうけ、京都府は「家内邸内は勿論《もちろん》、村々町々、溝さらへ」を命じた。府民あげての一斉掃除が始まった。「正常に掃除致すべし。所《ところの》役人ならびに家の主人に於て心付、指揮方、怠惰致すまじく」というのだからすさまじい。お上《かみ》の指示が細かく、下の民が一斉に動くのが、江戸中期以後の日本である。

明治の新政府は討幕戦争を戦って勝ち抜いただけあってすばやい。予防法を示した。開港場で「厳に入船を改」め、病人があれば「医官改の上、其病にあらざれば上陸を免ず」ことにした。これが検疫の開始である。そして、今と全く同じことが、明治四年に行われている。手洗いうがいの奨励はもちろんである。「身体を清浄にし、なるべくたけ衣服を洗濯し垢《あか》付ざる様」にし、「天気よき日には窓戸を開き風入をよく」、家の換気を国家が要請した。

それだけではない。国家は国民の日常生活へも制限を加えた。疲れると、病気への抵抗力が落ちるからであろう。飲酒はもちろん性行為の回数を減らせとまで布告した。「酒家は絶て禁ずるに及ばざれども、暴飲すべからず、かつ房事（性行為）を節にすべし」である。こんな布告が回ってきても、醍醐家では家来が詰所で丁寧に日記に書写している。「セックスの回数を節約せよ」という御布告を書きとめる公家侍《さむらい》の気持ちたるや、いかなるものであったろう。

革命政府たる明治国家は徹底したリアリズムの政権で、パンデミックになると、国民のねやごとにまで嘴《くちばし》を入れた史実を指摘しておく。

感染楽観で繰り返した悲劇

新型コロナウイルスの流行はたちが悪い。外出を自粛すれば、たしかに感染は緩やかになる。しかし経済は傷む。一方、解除が早すぎると、痛い目に遭った歴史もあり、これまた厄介である。百年前の「スペイン風邪（インフルエンザ）」の時、米国のサンフランシスコ市やセントルイス市は集会制限解除を焦り、たちまち感染第二波が生じた（『ナショナル ジオグラフィックWeb版』による）。その分だけ、死者を増やし、長引いて、経済被害も増えた。スペイン風邪の歴史は他にも教訓を残している。耳の痛い話だが「良薬は口に苦し」で書いておく。例えば、政治指導者は感染拡大の兆候をみても、当初の段階では楽観的になりがちである。

一九二〇年一月、日本ではスペイン風邪の第三波（後流行）の兆候がみられた。南半球のオーストラリア政府は「新聞電報」等でこれを察知した。いちはやく日本政府に「事実の有無」を問い合わせた。その時の外務大臣・内田康哉《こうさい》の返答が「肺炎性寒冒流行ノ状況シドニー領事ヨリ問合ノ件」として外務省に今も残る（以下、引用では適宜、旧字を新字とし、句読点を補う）。

これを読むと、日本政府筋はすでに感染の波を二度も経験していたにもかかわらず、当初、第三波の襲来を甘くみていたことがわかる。自分に都合のよい、希望的観測で物を言うのは、人間の常だが、大臣がそれをやってしまうと、まずい。一月九日の段階では、内田外相はこう返電した。「昨年十月十一月ノ頃ヨリ各地ニ分散的に患者発生。寒気ノ加ハレルト共ニ其数激増セルノ事実アルモ前年度流行当時ニ比スレハ、患者数モ死亡者数モ、尚少数ニシテ十分ノ一ニモ達セサル見込ナリ」。原文書の写真をみると、末尾部分は当初「死亡者数モ極メテ少数ニシテ殆《ほと》ンド云《い》フニ足ラス」とまで書いている。さすがにそれはまずいと思ったのか、のちに推敲《すいこう》して棒線で消している。

流行し始めは当然、患者数も死亡者数も少ない。それを政治家は「大事ではない」と誤認しやすい。スペイン風邪の第三波襲来時もそうである。内田外相は自信満々にオーストラリア政府に表明した。

「前年度ノ流行ニ懲リ何《いず》レモ充分ニ警戒〔予防ニ注意〕シ居レリ、尚外洋航海日本商船内ニ患者発生シタル報告ニ接セス」（〔 〕括弧内は推敲前）。

ところが、わずか一七日間で日本の感染状況は一変する。一月二十六日、内田外相はオーストラリアに訂正の公電を打たねばならなくなった。

「其ノ後、病勢激甚ト為リ、昨年流行当時ニ比スレハ発病者ニ対スル死亡率約三倍ニ上リ、一月廿《にじゅう》三日迄《まで》ノ全国患者数ハ既ニ七十八万余名死亡者二万余名ヲ算セリ。昨今、横浜入港ノ東洋汽船会社〔外洋航海日本商〕船内ニ多数ノ患者ヲ出シ、〔猶《なお》〕数名ノ死亡者ヲ出シタル例アリ〔見ルニ至レリ〕」

スペイン風邪の時は第一波は弱毒で「予防接種的な役割」といえる程（速水《はやみ》融《あきら》『日本を襲ったスペイン・インフルエンザ』〔藤原書店〕による）であった。それが第二波、第三波（後流行）と、致死率が格段に上がり強毒化した。新型コロナとスペイン風邪は違うから、これから強毒化したコロナの第二波・第三波が必ず来るとは言わない。

ただ感染の初期段階や感染の波が一度弱まった時、政治家が危険を過小評価してきた点には注意の必要がある。政治家や官僚には処置の失敗を認めたくない心理が働く。それで最悪の展開を事前には認めにくい。希望的観測にしがみつき、本当に状況がひどくなるまで抜本対策をためらいやすい。この楽観傾向の危険は少数の例外を除き古今東西・万国共通にみられる。それで感染の初期消火が遅れ悲劇が繰り返されてきた。この歴史を頭におくべきであろう。

身代潰した「給付なき隔離」

新型コロナウイルスの流行で、我々は「自粛」生活を送った。江戸時代にも自粛は行われたのだろうか。

若い時分、私は古文書さがしの全国行脚をした。山口県で岩国藩の史料をみていたら、『疱瘡遠慮定』という稀有《けう》な古文書に出くわしたのを憶《おぼ》えている。

岩国藩（吉川領）では、武士や領民が疱瘡（天然痘）に感染すると「遠慮」といって登城や外出を自粛させた。そればかりか自宅療養を禁じ、「疱瘡退村」と特定の村を隔離区域に指定し、きまった日数、そこに隔離していた。〝濃厚接触者〟に近い概念もあった。最初は、病人の看病人や病家の隣家までが濃厚接触の扱いで隔離する。その範囲は次第に、病家を訪れた人や隔離先の村人などに拡大されていった。

もっとも、普通の藩は、そこまでのことは、していない。岩国藩が異常に厳しい隔離政策をとっていた。

近年、江戸期の隔離や天然痘の予防接種の研究は進んだ。二〇一九年末には香西豊子《こうざいとよこ》『種痘という〈衛生〉』（東京大学出版会）という研究書も出ている。最新の研究にも学び、江戸時代の「自粛」や隔離について説明しておく。

そもそも江戸時代は「自粛」をする理由が現代とは大きく違った。現代は感染を拡《ひろ》げないためであるが、当時は、なんと殿様（藩主）にうつさないためであった。だから、殿様が不在の場合は「『遠慮』の制が適用されないこともあった」（香西前掲書）という。

徳川幕府も、将軍の身体を守るため、法定伝染病の制度を設けていた（川部裕幸「江戸幕府の法定伝染病」日本医史学雑誌）。一六八〇年から、疱瘡・麻疹《はしか》・水痘の三つにかかると、幕臣は江戸城への登城を三五日間「遠慮」した。

江戸人の多くは幼時に天然痘にかかった。特に都市住民は、まず罹患《りかん》した。徳川将軍は周囲が遠慮＝自粛して感染から守られたが、それでも歴代一五人中一四人が罹患した。かからなかったのは八歳で死んだ七代・家継のみである（香西前掲書）。

江戸時代の天皇も、疱瘡の「ケガレ」から徹底して防護されていたが、それでも一五名中七名が罹患した（川村純一『病いの克服─日本痘瘡史』思文閣出版）。

しかし、岩国の殿様は、完璧な身体的距離戦略の「遠慮定」で天然痘ウィルスから遠ざけられた。そのためか、「歴代だれひとりとして疱瘡にかかっていない」（香西前掲書）という。

君主の身体を守るため、自粛を強要したなら、江戸の「自粛」にも「給付」が伴ったのかが気になる。岩国藩の場合は「退飯米」といって、病人・看病人・同居人等の隔離費用を生活費も含め領主が負担した。その費用、流行一回に付き、米二百石（桂芳樹編『岩国藩の「疱瘡遠慮定」』岩国徴古館）。

現在、新型コロナ対策で、事実上の外出自粛や休業の要請をしながら、生活支援や給付が十分でないとの意見も多い。江戸時代のほうが手厚かったと思われるかもしれない。しかし、岩国藩は例外である。第一、江戸時代は隔離自体を制度化していない藩が多かった。大村藩（長崎県）も隔離を強制する珍しい藩であったが、岩国とは制度が違い、皆、ひどい目に遭っていた。長与専斎《ながよせんさい》はこの大村藩の医者。内務省衛生局初代局長となった長与は、後にこう回想している。家族が疱瘡にかかると「其費用夥《おびただ》しく……疱瘡百貫と唱へ、中等以下の生計にては大抵身代《しんだい》を潰し累代《るいだい》の住家をも離るるもの少なからず」（長与称吉編『松香私志《しょうこうしし》』下巻）。百貫は今の数億円。「給付なき隔離」の恐ろしさを歴史は教えてくれている。

感染症から藩主を守る

新型コロナウイルス感染症の中、死亡者数が平年より多い「超過死亡」が世界で生じた。ＢＢＣの報道によれば、イギリスは四三％（二〇二〇年三月七日〜六月五日）。インドネシアは五五％（同三〜五月期）の超過死亡があったという。日本でも四月期には東京都で一一・七％、大阪府で一二・七％の超過死亡が生じた。過去四年間の平均値より死者が多かった。もちろん高齢化等の影響もある。全部が新型コロナのせいではないが「隠れた」新型コロナ関連死が、どれほど生じていたかの調べが必要である。

「超過死亡」で感染症の被害規模を知る試みは、江戸時代にも行われていた。私は学生の時分、江戸期の人口に関する古文書をさがして歩いていた。

岡山県津山市で『津山松平藩町奉行日記』を見て感動したのを憶えている。津山藩の町奉行が疱瘡（天然痘）の被害を知るため、平年と、疱瘡流行年の死者を比べて、日記に「超過死亡」の数を記していたからである。享和二（一八〇二）年十月九日条に、それはある。その記述は現代語訳すると、こうである。

「一、疱瘡で死失（死亡）が多いと聞くので、先月の死失人員数を調べて差し出すよう、この間、（家老の安藤）丹後より指示された。依《よ》って当正月より九月迄の死失調書を差し出した。結果は大体、月平均で十人ばかりの生死であった処、九月には死失人が六十人あった」

当時、津山藩には安藤丹後という家老がいた。門閥にしては優秀で「疱瘡で死者が多い」と聞くと、町奉行に死亡統計の報告を指示するぐらいのことはした。感染症の状況把握に官僚が統計を駆使する姿が、すでに出現していた。津山藩は山間部だから寒冷である。今と同じく人口減少に悩んでいた。家老は疱瘡による死者数が知りたかったのだろう。町奉行の調査の結果、平常時の六倍、およそ六〇人の死亡が確認された。津山の町方人口は六九七二人（八月三日条）。九月だけで一％近くが死んだ。すさまじい死亡率である。

町奉行自身も、孫が疱瘡にかかり、登城も出勤も「遠慮」つまり自粛となった。江戸期は、藩主を感染から守るため、家臣は家内に感染者が出ると、「酒湯《ささゆ》」といって、患者が治癒して酒を混ぜた湯を笹《ささ》の葉でふりかけて浴びる儀式が済むまで、登城出勤を自粛した。

ところが、藩主のほうが町に出てくることがある。当時の津山藩主・松平康乂《やすはる》は十五、六歳の少年であった。夏には魚取りに「川狩」に出たがった。秋には寺に「仏詣」に行かねばならない。

藩では少年藩主を感染させてはならじ、と、外出のたびに、大目付→町奉行→町の大年寄のルートで藩主が通る道筋に「疱瘡患者がいないか」問い合わせ、報告がなされている。藩主通行中は町の家々は「戸を閉め置」く処置がとられた（九月二日条）。こんなことまでしたせいで、町奉行日記を見ると、津山城下での感染状況が、よくわかる。

八月下旬に、少年藩主は疱瘡患者のいない町内を通過しようとしたが、「何《いず》れの町にも壱《いち》両人」ずつ患者があり、道筋に一町内しか無患者の町はなかった（八月二十三日条）。十一月上旬には減ってきたが、それでも患者が発生して道筋に二町内しか無患者の町はない状況であった。

藩は藩主を守るのには必死であったが、町民を感染から守る努力は日記からはみえない。為政者は守るが民は守らない。この国に、その伝統がないか、心配になってきた。

「サミット・クラスター」の韻

『感染症の日本史』という題で、ひさしぶりに本を出した。文春新書である。はやり病の歴史をたどり、コロナ禍に生かす知恵を拾っていく試みである。時節柄か、広く読まれ、ベストセラーに入っていると聞いた。この書物で、私は「サミット（頂上）・クラスター」という概念用語を思いつき、使った。

社会の「てっぺん」にいる者＝総理大臣とか大統領とか王侯貴族は、多くの人間と接触する。しかも、その接触相手の生活圏が広い。軍人・外交官は国内外から帰ってきて「てっぺん」に報告する。地方からは多くの人々が陳情や式典に来て「てっぺん」に接触する。

そのせいであろう。パンデミックになると、為政者とその周辺はクラスターになりやすい。これが歴史の教訓であり、首都のトップ政治家は相当気をつけても感染防止が容易ではない。スペイン風邪（インフルエンザ）の歴史分析から、私は右の新著の中で、その事例を示して警告しておいた。

米国のトランプ大統領も気の毒なことに新型コロナウイルスに感染してしまった。英国のジョンソン首相も、新型コロナ対策の行動規制に批判的なブラジルのボルソナロ大統領も感染を防げなかった。「歴史は繰り返さないが、よく韻をふむ」という格言がある。歴史上、全く同じ事件は起きないが、類似したことがしばしば繰り返される。

スペイン風邪のパンデミック時の日本の首相は「平民宰相」とよばれた原敬《たかし》であるが、彼も感染した。のちの昭和天皇、当時皇太子であった裕仁親王殿下も感染された。さらにはその弟宮である秩父宮《ちちぶのみや》さまも感染された。私は、この三人の感染経路の解明を試み、治療の内容をも分析する章を立て、史料から見通しを詳述しておいた。

興味のある方は本のほうで読んでいただきたいが、概要を述べれば、政党内閣であった原首相は連日、支持者対策で財界や産業界の昼食会や産物試食会に出席し、不特定多数と挨拶をかわし、三密のなかで飲食した。原は感染症研究所である北里研究所の記念式典に出席して「風邪」にかかったが、藩閥に気を使い、寒中、伊藤博文の墓参りを強行して発症した。裕仁親王は上野の山に美術展を鑑賞に行かれ、そこで土方久元《ひじかたひさもと》という老人の側近と会話した。その後、新宿御苑でのゴルフ中に悪寒を感じ、発症している。幸い裕仁親王は回復されたが、土方は重症化して死亡した。

このように「てっぺん」はクラスターになりやすいが、一旦《いったん》、感染すると、社会の頂点だけに場合によっては、最先端の高度な医療が受けられる。これも歴史の示す所である。

秩父宮さまのケースがそうである。十七歳でスペイン風邪に感染され生死をさまよった。「治り間際の兵隊の血液をとり、血清をつくり、殿下に御注射申し上げる」回復者血漿《けっしょう》療法が検討された。治り間際の患者はウイルスを抑える中和抗体をもつとの見込みで、当時最高の先端治療が試されようとした。ただ兵隊の血を皇族に注射するのには抵抗があり、宮中の賢所《かしこどころ》で「御安泰の御祭り」をしてから注射がなされた。これが効いたのかは不明だが、宮さまは生還した。

やはり歴史は韻をふむらしく百年がたち、今回コロナで、トランプ大統領も先端の抗体医薬治療をうけた。彼は未承認の抗体医薬・抗ウイルス剤（レムデシビル）・ステロイド（デキサメタゾン）投与の三つを全部うけた、世界でも極めてレアな患者となった。

このレアケースから人々の治療法が前進するのか。安全確実なコロナ治療の確立と一般人への普及が望まれる。

疫病下の粋な人助け

疫病《えきびょう》に襲われた江戸人はさぞかし不安だったろう。もちろんワクチンはない。その日暮らしの独身者が裏長屋で寝込んでも給付金はないか、あっても雀《すずめ》の涙で、たちまち飢渇に及んだ。

文化十三（一八一六）年は初夏から閏《うるう》八月まで江戸で疫病が流行。人が大勢死んだ（『武江《ぶこう》年表』）。疫病のさなか奇妙な話が人々に広まった。江戸の通信社の配信内容『藤岡屋日記』、『宮川舎漫筆《みやがわのやまんぴつ》』、内閣文庫蔵『雑事記《ぞうじき》』にも記録されている。

文化十三年の春のことだ。江戸の富豪・時田喜三郎宅に飼い猫がいた。猫の飼い主は富豪だから毎日魚を買う。天秤棒《てんびん》で魚を担いでやってくる行商人の利兵衛から買う。行商人は猫好きだった。猫が魚をねだると、少々ずつ遣《や》っていた。ところがこの行商人がぱったり来なくなった。近所の噂《うわさ》では病気だという。病臥《びょうが》して行商ができず、朝夕に困るほどだと聞こえてきた（『宮川舎漫筆』）。魚の行商人は家々を訪問するから真っ先に疫病に罹《かか》ったのかもしれない。また江戸では疫病が流行ると生魚と茸《きのこ》が売れなくなった。当時の疫病の不景気は裏長屋の魚商を最も苦しめた。

ところが或る夜、困窮する魚商の枕元へ猫が来た。なんと富豪の猫だった。魚商は「よくきた」と、なんとか「何か有り合わせの生臭きもの」を食べさせた。ところが猫が帰ると「何方より参り候か」包み紙に入った金小判があった（『雑事記』）。魚商は病気が治ると、この金小判を元手に魚を仕入れて商いを再開できた。猫に何かあげようと、すぐに富豪の家にいった。

だが、例の猫がいない。きけば「猫は打ち殺した」という。あの猫は十三両も小判が入った包みをくわえていた。さては以前、金小判が失《う》せたのもお前の仕業だなと大勢で叩《たた》き殺したという。魚商は驚き、事情を話した。その小判は猫から自分が貰ったと涙した。小判の包み紙の筆跡を改めると、まさしく富豪のものである。富豪も猫に不憫《ふびん》なことをしたと嘆き、回向院《えこういん》（墨田区）に手厚く葬り墓碑を建てた。オス猫だったのだろう。戒名は「徳善畜男」（『宮川舎漫筆』）とつけられた。

近所とはいえ、猫が小判をくわえて運び魚商を見舞うだろうか。魚欲しさに、猫がやったのかもしれないが疑問である。あるいは店の誰かが陰徳を積もうと猫と一緒に小判を魚商の長屋に投げ込んだのが、奇妙な話になったのではあるまいか。

真偽はともかく、この話が疫病流行下で人々に受け入れられた点が重要だ。『藤岡屋日記』『雑事記』には農学者の大蔵永常《おおくらながつね》の談としてやはり同じ文化十三年の動物報恩譚《たん》がある。大坂では困窮した桜井という米屋の隣に住む男が、猫にくわえられた鼠《ねずみ》を助け、鼠が運ぶのか、毎日「隣界の座敷の縁側に米一升程」が置かれるようになり、「鼠へ、扨々《さてさて》是迄永々世話になった」もう明日は引っ越しするから少々余計に貰いたい、といったら、翌朝は縁側に三升あった、という話である。

これも隣の米屋が桜井を気の毒に思って少々ずつ米を恵んでいたものを鼠の仕業にしたものではないかと思う。江戸人は疫病下の不安をユーモア話、生きとし生けるものへの共感と助け合いの話に変えている。パンデミック中は、人の心がささくれ立って他人に苛立《いらだ》ち攻撃的になりがちだ。猫や鼠にまで心が通じ助けを期待する心性が江戸人にはあった。島国の日本人の甘さともいえるが、疫病下でこっそり人助けをしていたのなら、我々の先祖の粋《いき》を懐かしく思うし、また見習いたい。

疫病史に照らせば中盤か

二〇二一年夏、新型コロナウイルスのデルタ株が猛威を振るっている。歴史家の目から見ると、このウイルスとの対峙《たいじ》は中盤か終盤にさしかかっている感じがする。

百年前のインフルエンザ（スペイン風邪）のケースから考えてみよう。速水融『日本を襲ったスペイン・インフルエンザ』、磯田道史『感染症の日本史』が参考になる。このウイルスも波状的に襲ってきた。

スペイン風邪の第一波は「春の先触れ」とよばれ、感染の波はごく低かった（一九一八年春夏）。死者も少なかった。このあたり、今回の新型コロナに似ている。さらに似ているのが、その後、ウイルスが一九一八年晩夏頃に変異株が生じて置き換わり感染力が強くなった点だ。

そのため日本に「前流行」という第二波が来た（一九一八年秋〜一九年春）。これは大きな波で国民が港町や都市部から郡部の順に猛烈に感染。大量の感染者・死者が出た。ただ、この流行で感染した結果、かなりの国民が免疫を得た。

そのため、次に来襲した「後流行」の感染者数は前流行ほどではなかった（一九一九年暮〜二〇年春）。しかし山間部など、まだ感染が少なかった地域や、これまで感染しにくかった人々が感染し、感染者数が少ない割に死亡率が高かった。結局、国民の一％近くが死亡。生き残った人が自然感染で免疫を獲得した結果、スペイン風邪は終息していった。

ワクチンのない歴史時代、よくあるパンデミックの進行順序は次の様であったろう。スペイン風邪もそうだった。〈1〉新型ウイルスが出現する→〈2〉感染が進む→〈3〉ウイルスが変異し感染力が増す→〈4〉大流行が始まり感染者が激増する→〈5〉死者の増加と抗体・免疫獲得が同時に進む→〈6〉感染しにくい人や地域への流行が進む→〈7〉国民の多くが免疫を得て終息する。

スペイン風邪の場合、前流行が〈4〉〈5〉。後流行が〈6〉にあたる。今回、新型コロナに襲われた我々はワクチンで一気に〈7〉の国民の多くが免疫を得て終息する状態をめざしている。デルタ株が生じ、〈3〉ウイルスが変異し感染力が増す事態になった。デルタ株が生じたインドでは〈4〉の大流行が起き「主要8州で人口の70%超が新型コロナウイルスに対する抗体を持っていることが分かった」(ロイター七月二八日)という。七割以上がウイルスにさらされたのだろう。デルタ株はもう感染を避けるのが難しい。新型コロナのパンデミックはインドでは〈4〉の大流行による感染で〈5〉の多数者の抗体・免疫の獲得の段階にいたった。また従来感染しにくかった人、若年層にも感染が拡大しているあたりから新型コロナとの対峙は中盤か終盤の兆候をみせている。日本では〈4〉の大流行の上り坂の局面である。古典的だがマスク着用と手洗いをやり、未知の新技術だがmRNAワクチン接種で対抗するしかない。

マスクといえば大正時代のマスクは黒かった。鉱工業用の粉じん防止マスクが基だからだろう。日本最古のマスクは一八五五年頃、石見《いわみ》銀山の鉱山労働者の健康対策に宮太《みやたい》柱《ちゅう》が開発した「福面」といわれる。鉄の針金枠に薄い絹布を縫いつけ、柿渋をぬって、紐《ひも》で両耳につけ、中に梅肉を仕込んだ。殺菌と唾液分泌のためである(『済生《さいせい》卑言《ひげん》』)。

しかし、私はこれとは別系統の江戸時代の鼻だけマスク「鼻袋」の存在に気付いた。「公家衆が厠などその外、臭い穢《けが》れをさけるため、紫縮緬《ちりめん》などで拵《こしら》え、紐を両耳にかけて鼻を覆う袋」だ（『俚言集覧《りげんしゅうらん》』）。その宣伝用の図も入手した。一八三〇年頃だから福面より古い。これについては次項に書きたい。

最古のマスク広告か

デルタ株は感染力が強い。つけるマスクのウイルス遮断能力をよく吟味したい。新型コロナでマスクが注目されたからであろう。京都でも最古参の古書店藤井文政堂《ぶんせいどう》に入ると、さすが名店。店主が「せんせ待ってましたんや」と木版本を差し出した。『滑稽教訓　御影参《おかげまいり》』三編上之巻、摂府・暁《あかつき》鐘成《かねなる》門人　平安・山川澄成戯作」とある。お伊勢参りの戯作本だが、私の目は付録の広告欄に、釘付《くぎづ》けになった。

そこには、なんと鼻下を何かで覆ったマスク男の図があった。「平生保養　不浄魔除御鼻袋」とある。あわてて解読した。「此《この》袋は平生《つね》にごくわい（御懐）中あって、悪《あし》きかざのいたし候《そうろう》せつ、鼻のくちへ御あてなされ、両方の紐を耳へ御かけなされ候へば、美香《よきか》をかぎて、あしき臭《かざ》を除《よけ》、御身の御養生に相成《あいなり》ひとびと長寿《ながいき》をし玉《たま》ふ良方《りょうほう》なり、

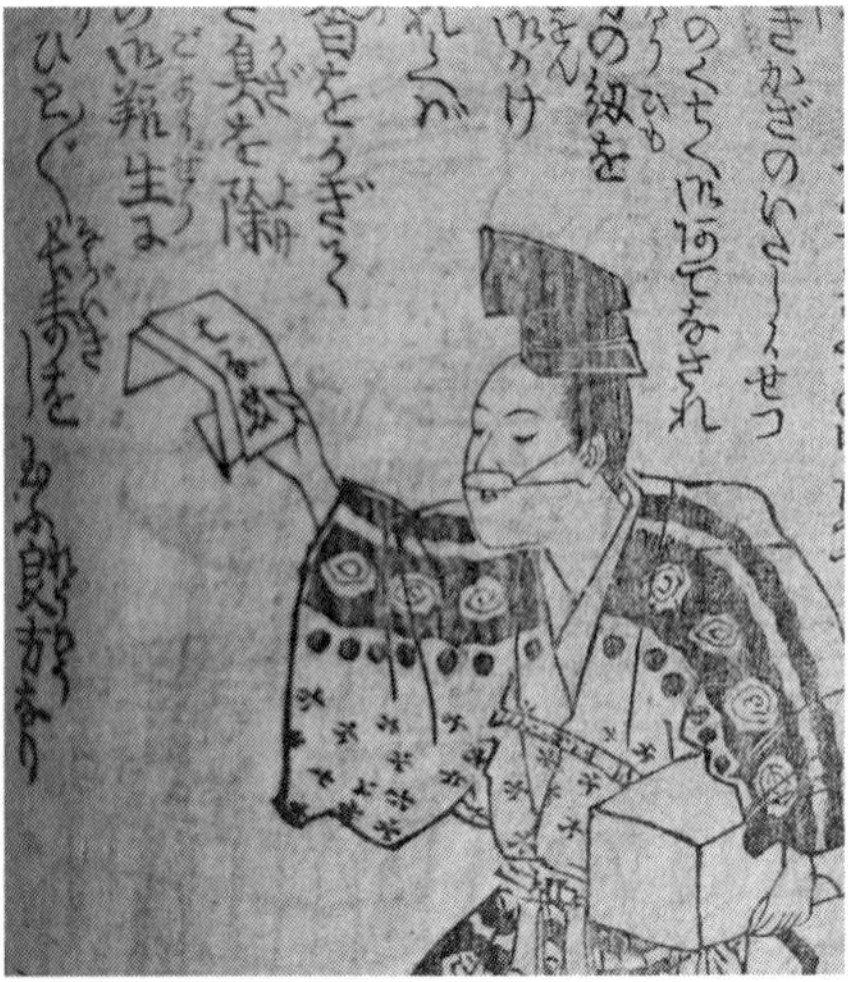

『滑稽教訓　御影参』三編上之巻より

○御旅ゆきには一しほよろしく候ぞ」。販売元は「大阪心さいばし通順けい町より一丁北へ入、西がは」の「本家鹿《かぐ》の家《や》真《ま》萩《はぎ》」。取次は京都の柳馬場仏光寺上《あが》ルの「桃柳軒玉山《とうりゅうけんぎょくざん》」。この玉山は有名な雛《ひな》人形師だ。

なるほど、と思った。大坂に暁鐘成（一七九三〜一八六一年）という奇人がいた。「かねなる」と読む（石割松太郎「暁鐘成伝」）。本名は木村弥四郎。醤油《しょうゆ》醸造業者の四男であったが、家業に入らず放蕩《ほうとう》した。天王寺中寺町に草庵を結び、戯作者となって図入りの名所案内や戯作などの出版をはじめた。庭に萩を植え、子鹿を飼って鹿《かぐ》の舎《や》真萩と自称した（『浮世絵備考』）。のち、この人が心斎橋筋博労町通に奇怪な店「鹿の家真萩」を出した。間口は六メートルたらずしかないのに、まるで公家の御殿である。檜《ひのき》づくりで翠簾《すいれん》がかかり畳も高級な高麗べりで、床は恐ろしく高く高欄に真鍮《しんちゅう》の擬宝珠《ぎぼし》をつけた階《きざはし》を登って入ったという（『浪華百事談』）。

江戸後期、民衆は急速に力をつけた。富裕な町人に国学が流行。和歌・神道・公家文化への憧れが高まった。その需要に目をつけたのだろう。暁は「浪華土産物」として「雅器」の製造販売をはじめた。東大寺や法隆寺などの器物のレプリカを売り、皇室あやかり商法もやった。十六弁菊紋を宣伝に使い「帝畿御用」「有職雲上形御手調度類」として天皇の御所や公家屋敷で使われていると称する調度類を売った。当時の大坂ガイドブック『天保山《てんぽうざん》名所図会』の巻末にその広告が載っている。

「御鼻袋」という悪臭防止マスクもその商品の一つだった。当時の辞書に、公家が厠その外の悪臭を避けるため紫縮緬で作り、紐を両耳にかけて鼻を覆う袋とある（『俚言集覧』）。宣伝文句に「美香をかぎて、あしき臭を除」とあるから、におい袋を鼻につけたものと考えられる。

『滑稽教訓　御影参』は「文政末頃の刊行」とされる（石川了《りょう》「幕末の京都戯作者・山東京鶴」）。「鹿の家真萩」は水野忠邦の天保改革で潰され閉店したから、この奇妙なマスクは一八三〇年代を中心に、お伊勢参りなどの旅行グッズとして販売されていた商品だろう。口を覆わず鼻だけだがこれも健康維持目的の器具で、マスクの一種である。現時点では、マスク広告販売の最古の実例だろう。どうやら日本マスク史は二つの起源を持っているようだ。オランダ医学の影響をうけた石見銀山の「じん肺防止マスク」の系統と、宗教的な魔除け・臭気の清潔健康観からくる「上方有職マスク」の系統の二つだ。

「江戸マスク」開発者二人の末路

前項まででみてきたように、マスクは江戸時代にも開発されていた。一八三〇年頃、大坂の暁鐘成という戯作者。これが「御鼻袋」という悪臭防止マスクを売り出した。お公家さんが便所で使用しているとの触れ込みであった。耳から紐でかけ、お香を中に仕込んで芳《かぐわ》しいが、覆うのは鼻だけである。口は丸出しだった。

その後、一八五五年頃、宮太柱《みやたいちゅう》という医者が石見銀山の労働者の若年死を防ぐため「福面」という鉱業用マスクを開発した。これは現代のマスクと同じ形状である。柿渋を塗った絹布を針金の枠につけ耳から紐でかけた。中に梅肉を仕込み、殺菌と唾液分泌をはかった優れものだ。

しかし、この「江戸マスク」の先駆者二人はどうなったか。マスクの発明で富豪になったり出世したりはしなかった。むしろ二人とも哀れな末路をたどった。気の毒な話である。

暁鐘成からみよう。悪臭防止マスクを販売したが、老中・水野忠邦「天保の改革」の時に店舗を破壊された。店舗が「御殿づくり」のしつらえで身分不相応の贅沢《ぜいたく》とされたらしい（『浪華百事談』）。暁は旅行ガイドやグルメ本の編著者であったから、倹約令を徹底したい幕府の役人には目の敵にされた。当時の支配者の考えは、庶民は学問で道徳学べ、働け、遊ぶな、というものであったからである。なにしろ、天保の飢饉《ききん》の食糧不足のなかである。文化娯楽や発明工夫を消費産業につなげる発想はなく、危険思想とみて、暁などは取り締まりの対象になった。

それでも、暁は旅行好きの浪速《なにわ》っ子だ。老いても妻の親戚をたよって福知山《ふくちやま》（京都府）に旅行した。そこへ苛酷な政治に苦しむ農民達が来て、暁に福知山藩への要求書の起草を頼んだ。暁は著名な戯作者である。たちまち減税などの要求書が書き上がった。ところが、この農民達の要求運動は強訴《ごうそ》・一揆となってしまった。一旦、藩は要求をのんだ。しかし、そこからはお決まりのパターンだ。農民一揆が解散すると、首謀者探しがはじまり、あれよという間に、暁は「一揆の首領」にされてしまった。暁は獄舎につながれた。江戸期の監獄は寒くて悲惨だ。さんざん贅沢をしてきたインテリ老人が耐えられるものではない。気の毒なことに、獄中で死んだ。享年六十八（『浮世絵備考』）。一説には釈放されて二十日後に死んだともいわれる。毒殺説さえある（「暁鐘成伝」『浪速叢書』第七）。

宮太柱もひどい最期だった。幕末人としては超絶の知識人で窒素や水素などの元素の知識まであり、マスクを製作して石見銀山で坑内労働者を救った。しかし、それほど西洋科学に詳しいのに、宮は西洋化に反対する攘夷《じょうい》の活動家に同情的で世話を焼いた。維新後、西洋に詳しい横井小楠が新政府で重用されると、攘夷派は「横井は異人と同心してキリスト教をまん延させようとしている。斬る！」と叫び、本当に斬殺してしまった。

その暗殺犯は宮の家へ向かって逃げた。それで宮は捕縛された。横井の暗殺計画を通報せず、犯人の逃亡を助けたとされ、三宅島《みやけじま》に終身流罪となった。不運は重なる。島は寒いさかりであった。宮は親切な医者として期待されていたが、島に着いて八日ほどで病死した（『笠岡市史』第二巻）。

日本のマスクの先駆け二人はともに権力を恐れず苦境にある者に親切だった。それが裏目に出て政治的事件に連座して拘禁され病死に追いやられた点で驚くほど共通している。しばしば発明は異端の才能がもたらすが、幕末の日本はこうした同調しない異才を殺しがちな社会だったのだろう。もったいない話である。

江戸時代に「オミクロン」？

二〇二二年が始まり、新型コロナウイルスの「オミクロン株」が猛威をふるっている。この株は感染力が猛烈に強い。重症化率・死亡率が最前のデルタ株より低いのは助かるが、感染力が強いので、結局感染者数が膨大になり、重症者・死亡者も少なからず出てしまっている。やっかいだ。新型コロナは風邪になったとはいえず、まだ深刻だ。江戸時代にもオミクロン株に類似した「感染力は絶大だが死亡率は比較的低い」疫病があったらしい。二〇二〇年の段階で『感染症の日本史』という本に書いておいたが、滝沢馬《ば》琴《きん》『兎《と》園《えん》小説余録』に「感冒流行」という一節があり、こう書かれている。

「文政三（一八二〇）年の秋（旧暦）九月より十月まで世上一同に感冒が流行。一家十人いれば十人みな（感染を）免れる者がなかった。軽いのは四、五日で本復。大方は服薬しなかった。重いのは傷寒（高熱疾患）のようで悪寒と発熱が甚だしく、うわごとをいう者もあったが、それも病臥《びょうが》十五、六日で平癒に及んだ。この風邪で病死した者はない。江戸は九月下旬より流行して十月が盛り（感染ピーク）であった。京・大坂・伊勢・長崎など（西日本で）は九月が盛りであったらしい。大坂や伊勢松坂の友人の消息（手紙）で知った。以前流行した風邪には『何風《なにかぜ》』などと唱え、必ず名前があったが、今度の風邪は名前を唱えるのを聞かない。（中略）今度流行の感冒は中（中年？）以下の男女が多く、服薬しなくても治った」

この風邪で病死した者はない、というのは誇張だろう。一家十人いれば全員近くが罹る猛烈な感染力だったが、その割に軽症が多かった、馬琴のまわりに死者は出なかった、と解釈したい。しかも罹患は「中以下の男女が多かった」とあり、中年以下の若年層に感染者が多かったとも読める。こういう不思議な風邪が二〇二年前に西日本から東日本へ一か月ほどで拡がっていたようだ。

馬琴の話は本当か。この風邪が流行った文政三年秋の日記をあたろうと思い立った。記録の緻密《ちみつ》さでは公家が一番だ。まず宮内庁書陵部のサイトで日記を探す。すると一番に柳原隆光《やなぎわらたかみつ》の「御祈申沙汰記　文政三年」が出てきた。隆光は公家で大正天皇の母方曽祖父にあたる。読んでみると、怪しい記述があった。文政三年十月のことだった。御所では十月十五日に「主上（天皇）御日待」といって今の京都・吉田神社の吉田家に命じて御祈禱をさせていた。天皇のお身代わりの撫物《なでもの》を遣わして「大護摩と十二座の（神の）祓《はら》い」をした（黒川道祐『日次紀事』）。ところがその前日、吉田家から祈禱・祓いはできないといってきた。祈禱にあたる神官・良行朝臣が「発熱」して「平臥」してしまった、祈禱を断る、との理由書である。さあ、これは感染症の記録だ。私は興奮した。

しかし、早とちりだった。その記事の前半を解読すると、神官の卜部《うらべ》良行は「顚倒《てんとう》して手足を損じて歩行困難に付き（祈禱を）断る」とあるではないか。この時の吉田家の当主と隆光はハトコだった。隆光は親切に教えた。「（そんな正直な理由書を出しては）吉田家も不行届になる。（転倒・ケガとは書かず卜部良行は）俄かに発熱・平臥したと書いた方が良い」。なんだ。発熱ではなく転倒負傷ではないか。いや待て、発熱で足元がふらつき顚倒した可能性は？　そんなことを考えはじめた。馬琴のいうオミクロン株に似た風邪の流行は、その存在が証明できるのだろうか。全国に残された文政三年秋の日記の内容が気になる。

口と鼻でたどる日本文化史

「磯田先生は普段どんなお仕事を？」と聞かれる。私の肩書は長い。「国際日本文化研究センター研究部教授・総合研究大学院大学文化科学研究科国際日本研究専攻長」。まったく舌を嚙《か》みそうだ。ただのオタクだから人生上、教授になる予定はなかった。「教授が回ってきてしまった」と肩を落とすと、妻は「そう。御愁傷さま」といったのを憶えている。仕方がない。准教授の名刺の准の字を黒ペンで塗り潰して配ることにした。

勤め先の国際日本文化研究センターは京都市街の西の果て、山の中にある。略して日文研。総合研究大学院大学の一角をなし、博士課程の大学院生も受け入れている。日文研では、教授になると「共同研究会」を主催する。国内外の研究者に声をかけ、大抵、土曜日曜に日文研に集まって研究報告や討論会をやる。意義のある仕事だが、正直いって私は集団行動が苦手だ。休日は一人で古文書さがしや史跡探索の旅をしてしまう。その生活が好きで、子どもの頃から、そうしてきた。ただ、もう五十一歳。観念した。どうせやるなら「おもろい」共同研究会にしたいと思った。税金の無駄にならぬようコロナ禍に悩む社会を勇気づけ、ヒントになる共同研究がいい。斬新な発想の若手研究者に声をかけ、寛容で視野の広いベテラン研究者とぶつけ、新研究を生じさせたい。小説家から理化学分析の研究者まで文系理系を問わないあつまりにする。そんな考えで、今年度から年間三〇万円の予算を使わせていただき、共同研究会をはじめた。題して「口と鼻——人体と外界の接合域の日本文化史」。人体は物的には主に口鼻で外界に接合している。気体・液体、食物・飲料や菌・ウィルス、香料・薬物を口鼻から摂取する。この摂取のコントロールの視点から日本文化史を論じる研究会である。

まず国内外のマスクの歴史を研究している気鋭の研究者を探して連絡した。医療人類学の住田朋久《すみだともひさ》さんである。次に環境史の村山聡《さとし》・香川大学名誉教授に電話した。村山先生は前近代のドイツ史の史料も近世日本の古文書も読める寛容な方だ。経済史・環境史がご専門でベテラン研究者のなかでも視野が抜群に広い。自由な論議がお好きで、私は若い時分、村山先生を質問攻めにした。それから京都府立大の東昇《ひがしのぼる》教授と、江戸時代の菓子史に詳しい橋爪伸子《のぶこ》先生にも参加していただいた。

東教授の研究はすごい。コロナ前から、江戸時代の村の感染症（天然痘）対策を農民一人一人の顔が見えるレベルで研究しておられた。一八〇八年、熊本県天草地方の高浜村三三七〇人が村への巡礼者と葬式をきっかけに天然痘に襲われた。患者と家族を他所へ移し村内の小屋に隔離したが村民の五％が感染したという。感染者はサイの角の漢方薬で治療したが感染死亡率は四割に達し、村民の二％が感染死した（「近世後期天草郡高浜村における疱瘡流行と迫・家への影響」）。

薬学・本草学の大阪大学の伊藤謙先生と、小説家の朝吹真理子《あさぶきまりこ》さんにも加わっていただいた。朝吹さんは時間・記憶・においに造詣が深い。作品にもそれがしばしば登場するから、薫香料の化学分析や薬理研究をされている研究者と会話すれば、何か面白い作品や研究が生まれるのでは、と思ったからである。

先日、一回目の準備会を開いて、報告と討論をした。メンバーのせいだろう。やってみれば共同研究会は面白すぎた。こんなに興奮するものはない。

西日本で地震連動の歴史

二〇一八年六月十八日に大阪府北部でマグニチュード６・１の地震が起きた。高槻《たかつき》市あたりが震源であった。被害にあわれた方々には、心よりお見舞い申し上げたい。

私は二〇一七年の八月、フジテレビ系「ＦＮＳ27時間テレビ」の収録で、司会をした関ジャニ∞の村上信五《しんご》さんが高槻市出身というから「高槻は（一五九六年の）慶長伏見地震の断層の上。この地震で一番激しかったのは高槻から伏見にかけてです」と歴史的に見た高槻の危険性を指摘し、それがそのまま九月十日に全国に放送された。

その番組で私は、「有馬‐高槻断層帯」で約四〇〇年前に起きた地震を解説していた。この地震では、豊臣秀吉が、命からがら伏見城の御殿の倒壊から避難している。私が、危険性を指摘したのを憶《おぼ》えてくださっていた高槻市民の方もいたようで「磯田先生が高槻は地震が危ないというから非常食を備蓄しておいて助かった」という書き込みもネット上でみかけた。

実は、今回の地震の二日前にも、私は京都府保健事業協同組合の会合で府下の医師・歯科医師に講演し、「京都で特に揺れそうな場所は、どこか」との質問がでたから、「高槻〜伏見〜東山、高槻〜桂〜西山。この二つの線が歴史的には地震被害が大きかったし、断層も走っている」と答えた。これを聞かれた医師が地震後にネット上で、地震には歴史の検証が大切だと思ったと書き込まれていたのもみた。

別に、私は地震を予知したわけではない。過去の地震の話をして、被害が激しかった場所の指摘をしたら、偶然その直後に、そこで地震が起きただけである。ただ、なぜ私がとりたてて、大阪の高槻付近の地震について公の場で話さねばと思ったのか。それには一応の理由がある。それは述べておきたい。

まず、歴史的にみて、四国を挟んで九州で地震が起きると、慶長伏見地震のように、伏見〜高槻あたりの断層やひずみが集中する地点で連動的に地震が起きた例がある。西日本の中央構造線ぞいの地震は東に向かって連動しやすいのか、熊本で地震が起きたあと、大分や四国の愛媛や香川などで地震が起きた例もある。

なぜ、そうなるのか。私は素人なりに考えた。最近の地震学では、京都大学の西村卓《たく》也《や》准教授の「ひずみ集中帯」の研究に注目している。西村さんの報告に学んだのだが、日本列島の地盤は細かなプレート（お皿状の板）に分かれている。西南日本は大きな四国お皿で、その西・東両側に、熊本お皿と大阪お皿が接している。

ここで、私は思考実験をしてみた。まず、食卓の上の大皿にミッキーマウスの両耳のように小皿をつけ、手前から大皿を向こうに押す。すると、両耳の小皿が一緒に動く。日本列島の地盤は太平洋側の南東方向から、いつも押されていて、常にこのミッキーマウスの大皿小皿実験のような状態になっている。

先年、ミッキーマウスの片耳である熊本お皿の断層集中帯で、地震が起きた。熊本から大分まで、熊本お皿の北側がよく動いた。そうすると、左右対称に、もう片耳である大阪お皿の北側の鳴門・神戸・高槻・伏見が動くのか。鳴門と神戸は阪神・淡路大震災で震動済みである。「さて、残るは高槻から伏見のあたりだろうか」と、一人で、ぼんやり考えていた。

それで、古文書の過去の例として、高槻の地震のことをテレビや講演で思わず語ったのだが、私は、地震学については、あくまで専門外の素人である。ここに書いた話も

「話半分」以下に聴いておいていただきたい。

京都の震災復興、公家の苦闘

三月十一日がくると、思い出して心が痛む。震災からの復興に苦しむ姿は、江戸時代にもあった。私が今住む、京都が最後に震災に遭ったのは一八三〇年で、文政京都地震の時である。

この地震の死傷者数は記録がまちまちだが、京都町奉行の書上を土佐藩が伝え聞いた「怪我《けが》人千三百人、即死二八〇人」（「御当家年表」）前後とされる。京都に公家は約一三〇家あるが、死んだ公家はおらず、ただ一人、飛鳥井《あすかい》雅光《まさみつ》という権中納言《ごんちゅうなごん》が「地震時に狼狽《ろうばい》し庭に下りたところ屋根瓦が顔面に落ち傷を蒙《こうむ》った。その後、愚の如く痴の如く、何事にもボーッとしていて心配する」というから心的外傷後ストレス障害になったとみられる。公家の柳原隆光が日記に不憫だと記している。

ところが、公家たちにとっての苦闘は、ここからが始まりであった。当時の風聞では「二条城の被害が約六万両。御所内が約三万両」(「日新録」三室戸寺文書)といわれる被害額。一両は三〇万円ぐらいの感覚なので、二条城で一八〇億円。大破した屋敷を修復せねばならなかった。ところが公家は薄禄《はくろく》で多くは高数百石ほどの領地しかない。自力で復興するのは難しく、領知高が何十万石の大名に妻縁などを頼って「合力を」「助成金を」といって金を無心するしかない。

さもなくば、娘の縁談を進め、大名から支度金をもらう。鷹司《たかつかさ》家は摂政関白を出す名門だが、早速、加賀百万石の前田家に縁談を申し入れた。三条西家も同家に援助を求めている(『加賀藩史料』)。

福岡藩黒田家の記録をみると、摂家の二条家と、平公家の五条家が助成金を願ってきたのが、わかる。二条家からは「御殿の破損が甚大。居間の屋根、裏方、寝殿、広間、玄関みな破損し、菩提所の墓石もみな転倒。一〇〇〇両ほしい」といってきた。金を無心された黒田家こそ迷惑だったが、藩主の妻は二条家から来ている。無下にはできない。そこで、黒田家はこう返答した。倹約中で一〇〇〇両は無理だが、「三〇〇両助成する」。一方、五条家は二条家より縁が遠い。甘えるな、とばかりに黒田家は「倹約中に付、お断り」と返事している（「黒田家文書綱領一」）。

このように公家たちは必死の復興資金集めをしていた。正親町《おおぎまち》家などは、名張《なばり》の藤堂《とうどう》家（三重）、尾張藩徳川家（愛知）、杵築《きつき》藩松平家（大分）、岡藩中川家（同）、小城《おぎ》藩鍋島家（佐賀）の五つの大名家に「大破御修復料」を「御無心」している。このうち尾張徳川家は断り、焼き干し鮎《あゆ》一箱だけを送ってきた。しかし、頼んではみるもので、藤堂家からは今でいう雨漏り防止用のブルーシートにあたる油紙と銀五枚、金二〇〇疋《ぴき》を入手できた。杵築藩からも同額の金銀、小城藩からは銀一〇枚、岡藩からは同七枚を得た（「正親町家役所日記」）。この正親町家などは広く薄く金や物を集めた点で上手だが、不器用な家もある。

大炊御門《おおいみかど》家は公家でも名門の清華家だが、悲惨な事態に陥った。当主で、前内大臣の大炊御門経久《つねひさ》の継母が対馬藩宗家から来ており、異母妹も同家に嫁いでいた。対馬藩は朝鮮貿易船を建造する材木の産地である。これに目をつけ、地震で大破した屋敷の再建に、「檜《ひのき》材千本」を対馬藩に無心した。ところが、対馬藩も幕府等に多額の借金中であった。とんでもないと、この依頼を拒絶した。

そのため震災五年目になっても、大炊御門の屋敷は瓦・壁が剝げ落ちたままで、それどころか「柱は曲がり、何度、修繕しても大風の度にゆるみ、台所・書院等まで大雨漏」でお化け屋敷状態になってしまった。これでは「外聞が悪い」と、経久はボロ屋敷で嘆いた。プライドを捨て、とうとう宗家に「同席（同列）」の付き合いをしてもいい、と歩み寄ったが、結局、援助はもらえなかったという（対馬藩「江戸毎日記」）。このように、公家たちは地震や火事で被災するたびに、大きな大名に頭を下げ、援助をもらった。そのうち、公家は大名のロビイストのようになり、朝廷の政治情報を流した。幕末期には、それが一層はげしくなって、諸大名は公家を使って朝廷工作にはげんだ。そして、明治維新に向かっていった。

正常性バイアスは怖い

三月になると東日本大震災の地震・津波・原発災害を思い出す。人は皆、災害と災害の間、災間を生きている。しかし災害は不愉快なものだ。常日頃は災害を忘れたい心理が働く。気持ちはわかるが、災害への準備だけは忘れるわけにいかない。

災害を忘れない為に、私の岡山の家には「平吉のとび口」という物が玄関に置かれている。私の母方先祖は徳島県の牟岐《むぎ》という津波常襲地にいた。母は二歳で牟岐に預けられ、一九四六年の昭和南海地震津波に遭って一時は行方不明になった。この話は『天災から日本史を読みなおす』に詳しく書いたが、暗闇の中を誰かが手を引いたのか、一人で高台の寺に逃げたのか、幸い母は生き残って私がいる。

この地震の時、牟岐の家は変形して戸が開かなかった。なんとか、くぐり戸が開いて、曽祖父・正路平吉《しょうろ》の他は女性ばかり一〇人の家族はそこから逃げ出した。逃げた後から津波が追いかけてきたが辛《から》くも家族は全員助かった。以来、私の母方は入口に、とび口を置くようになった。いざとなったら、このとび口で扉を破壊するためである。

私は伯父からこの「平吉のとび口」を譲り受け玄関に置いている。岡山の父母の家は瀬戸内の内陸で津波の心配はないが、日ごろの戒めにするためである。むしろ岡山の家は水害がこわい。平吉のとび口は二階に置いて天井を破って屋根の上に避難する工具にしようかと思い始めた。

そんなことを考えていると、郵便物が届いていた。差出人は「徳山日出男《ひでお》」とある。国土交通省の元の事務次官さんではないか。この方は東日本大震災時、東北地方整備局長の職にあり、寸断された道路を復旧させる「くしの歯作戦」を指揮された方である。以前、静岡県沼津市の高尾山古墳が道路で破壊されそうだと書いたら、徳山さんは役所から連絡を下さり、丁寧に歴史学者の言い分を聞いてくださった。道路は古墳を避けるルートになり、おかげで古墳は助かった。

先日、徳山さんと私は読売新聞社の防災関係のシンポジウムで再会した。私が震災時の尽力をねぎらうと、徳山さんが耳寄りなことをおっしゃった。「『東日本大震災の実体

験に基づく　災害初動期指揮心得』という冊子を東北地方整備局で作成した。現在ではアマゾン等で電子書籍として無料公開されている」。徳山さんからの郵便物はその案内であった。

この指揮心得の冒頭に掲げられている言葉はこうだ。「備えていたことしか、役には立たなかった。備えていただけでは、十分ではなかった」。これからも日本中で災害は起きる。国交省の地方整備局は自衛隊とならんで復旧や救援の主力となる組織である。「地方整備局の初動の遅れはそのまま全体の救援の遅れにつながりかねない」と肝に銘じよ、とあり、心得が示されている。

災害時に怖いのは正常性バイアスである。「そんなことはありえない」と平時の感覚で災害に臨んでしまう。わかりやすくいえば、烈震に襲われ津波がくるのに、平時と同様に、ホウキとチリトリで割れガラスを掃除してしまう心理メカニズムのことだ。平時、役所や大会社は細かい約束事と手続きで動いている。しかし「有事にあっては、そのシステムを一瞬にして切り替えて、指揮官の決断によって行われねばならない」。有事は平時と違う時間だ。頭の切り替えが要る。報告・連絡・相談を密にしながら平時と違う速度と了見で決断せねば命は助からず復旧も遅れる。東日本大震災の日、三月十一日を迎えるたびに、心の準備も新たにしたい。

さ行

た行

な行

主要人名索引

歴史的な人物に限った

本書は『読売新聞』連載「古今をちこち」二〇一七年九月掲載分より二〇二二年九月掲載分までを収録しています。また、収録にあたっては一部改題のうえ、加筆修正を行っています。

磯田道史（いそだ・みちふみ）

1970年，岡山県生まれ．慶應義塾大学大学院文学研究科博士課程修了．博士（史学）．茨城大学准教授，静岡文化芸術大学教授などを経て，2016年，国際日本文化研究センター准教授，21年より同教授．18年，伊丹十三賞受賞．

著書『武士の家計簿』（新潮新書，新潮ドキュメント賞受賞）
『近世大名家臣団の社会構造』（文春学藝ライブラリー）
『殿様の通信簿』（新潮文庫）
『江戸の備忘録』（文春文庫）
『龍馬史』（文春文庫）
『無私の日本人』（文春文庫）
『歴史の愉しみ方』（中公新書）
『天災から日本史を読みなおす』（中公新書，日本エッセイスト・クラブ賞受賞）
『「司馬遼太郎」で学ぶ日本史』（NHK 出版新書）
『日本史の内幕』（中公新書）
『素顔の西郷隆盛』（新潮新書）
『感染症の日本史』（文春新書）
『徳川家康 弱者の戦略』（文春新書）
など多数

日本史《にほんし》を暴《あば》く
中公新書 2729

2022年11月25日初版
2023年12月30日13版

著　者　磯田道史
発行者　安部順一

本文印刷　三晃印刷
カバー印刷　大熊整美堂
製　本　小泉製本

発行所　中央公論新社
〒100-8152
東京都千代田区大手町 1-7-1
電話　販売 03-5299-1730
　　　編集 03-5299-1830
URL https://www.chuko.co.jp/

Published by CHUOKORON-SHINSHA, INC.
Printed in Japan　ISBN978-4-12-102729-0 C1221

中公新書刊行のことば

一九六二年一一月

いまからちょうど五世紀まえ、グーテンベルクが近代印刷術を発明したとき、書物の大量生産は潜在的可能性を獲得し、いまからちょうど一世紀まえ、世界のおもな文明国で義務教育制度が採用されたとき、書物の大量需要の潜在性が形成された。この二つの潜在性がはげしく現実化したのが現代である。

いまや、書物によって視野を拡大し、変りゆく世界に豊かに対応しようとする強い要求を私たちは抑えることができない。この要求にこたえる義務を、今日の書物は背負っている。だが、その義務は、たんに専門的知識の通俗化をはかることによって果たされるものでもなく、通俗的好奇心にうったえて、いたずらに発行部数の巨大さを誇ることによって果たされるものでもない。現代を真摯に生きようとする読者に、真に知るに価いする知識だけを選びだして提供すること、これが中公新書の最大の目標である。

私たちは、知識として錯覚しているものによってしばしば動かされ、裏切られる。私たちは、作為によってあたえられた知識のうえに生きることがあまりに多く、ゆるぎない事実を通して思索することがあまりにすくない。中公新書が、その一貫した特色として自らに課すものは、この事実のみの持つ無条件の説得力を発揮させることである。現代にあらたな意味を投げかけるべく待機している過去の歴史的事実もまた、中公新書によって数多く発掘されるであろう。

中公新書は、現代を自らの眼で見つめようとする、逞しい知的な読者の活力となることを欲している。

中公新書

日本史

日本史

d3

2675 江戸―平安時代から家康の建設へ　齋藤慎一
476 江戸時代　大石慎三郎
2552 藩とは何か　藤田達生
2565 大御所　徳川家康　三鬼清一郎
2723 徳川家康の決断　本多隆成
1227 保科正之《ほしなまさゆき》　中村彰彦
740 元禄御畳奉行の日記　神坂次郎
853 遊女の文化史　佐伯順子
2376 江戸の災害史　倉地克直
2730 大塩平八郎の乱　藪田貫
2584 椿井文書―日本最大級の偽文書　馬部隆弘
2380 ペリー来航　西川武臣
2047 オランダ風説書　松方冬子
1958 幕末維新と佐賀藩　毛利敏彦
2497 公家たちの幕末維新　刑部芳則

1754 幕末歴史散歩　東京篇　一坂太郎
2617 暗殺の幕末維新史　一坂太郎
1773 新選組　大石学
2739 天誅組の変　舟久保藍
2750 幕府海軍　金澤裕之
2040 鳥羽伏見の戦い　野口武彦
455 戊辰戦争　佐々木克
1728 会津落城　星亮一
2498 斗南《となみ》藩―「朝敵」会津藩士たちの苦難と再起　星亮一